教育部青年基金项目"基于"5W模式"下中韩影视作品的社会核心价值观传播路径之比较研究",项目编号:16YJCZH083

　　本著作为2022年度韩国学孵化型研究项目"中韩近现代文学关系史的深层探究与韩国学研究后备力量培养"(项目编号:AKS-2022-INC-2230001)之成果。

| 光明社科文库 |

新媒体时代中韩影视作品
文化传播路径研究

宋晓利◎著

光明日报出版社

图书在版编目（CIP）数据

新媒体时代中韩影视作品文化传播路径研究 / 宋晓利著 . -- 北京：光明日报出版社，2022.6

ISBN 978 - 7 - 5194 - 6677 - 0

Ⅰ.①新… Ⅱ.①宋… Ⅲ.①文化产业—产业发展—研究—中国 Ⅳ.①G124

中国版本图书馆 CIP 数据核字（2022）第 107478 号

新媒体时代中韩影视作品文化传播路径研究
XINMEITI SHIDAI ZHONGHAN YINGSHI ZUOPIN WENHUA CHUANBO LUJING YANJIU

著　　者：宋晓利			
责任编辑：杜春荣		责任校对：房　蓉　乔宇佳	
封面设计：中联华文		责任印制：曹　净	

出版发行：光明日报出版社

地　　址：北京市西城区永安路 106 号，100050

电　　话：010 - 63169890（咨询），010 - 63131930（邮购）

传　　真：010 - 63131930

网　　址：http://book. gmw. cn

E - mail：gmrbcbs@ gmw. cn

法律顾问：北京市兰台律师事务所龚柳方律师

印　　刷：三河市华东印刷有限公司

装　　订：三河市华东印刷有限公司

本书如有破损、缺页、装订错误，请与本社联系调换，电话：010 - 63131930

开　　本：170mm×240mm

字　　数：191 千字　　　　　　印　　张：14

版　　次：2024 年 1 月第 1 版　　印　　次：2024 年 1 月第 1 次印刷

书　　号：ISBN 978 - 7 - 5194 - 6677 - 0

定　　价：89.00 元

序

　　人类的优秀文明成果，只有获得它的当代形态，并借助于一定的媒介系统才能实现它的存在价值和有效传播。影视作品直观性强，有着较强的感染力，不仅是一国经济发展中强有力的增长点，也反映了社会生活面貌，成为传递民族文化与社会核心价值观的主要路径。习近平在文艺工作座谈会上指出："必须把创作生产优秀作品作为文艺工作的中心环节，努力创作生产更多传播当代中国价值观念、体现中华文化精神、反映中国人审美追求，思想性、艺术性、观赏性有机统一的优秀作品。"[①] 现阶段，在影视作品的制作过程中，大多数企业将重心倾向于盈利因素，以致产业建设理念与社会核心价值观的取向匹配失衡。韩国的影视作品在其社会核心价值观建设过程中也出现过类似的困境。儒家文化是韩国的核心文化，以描述韩国家庭生活伦理为核心内容的"家庭剧"，除了精美的画面、独特的风土民情等要素之外，最引人入胜的是这些作品中所传递的韩国社会赖以生存和发展的正能量。由此，本书参考韩国在影视文化产业建设过程中出现的问题，借鉴部分经验，来促进新媒体时代影视作品对我国优秀民族文化传统的传承，传递社会正能

---

　　① 习近平. 在文艺工作座谈会上的讲话 [EB/OL]. 新华网，2014-10-15.

量，促进社会安定团结。

在课题研究的过程中，我们发现当下我国电影业面临着一个新的挑战，就是观影人群越发年轻化，年轻观众逐渐成为观影主力军。"网生代"观众的观影喜好具有非常强的时代特点，喜欢使用新的移动终端设备观影，注重观影体验。电影行业需要顺应变化推陈出新，创造出符合新一代观影人喜好和习惯的作品。好的影视作品既要引导年轻群体良好的价值导向，又要融合新时代的新元素，便于满足新一代观众的观影需求。数字媒体艺术包括了多样的媒体艺术样式，具有无限复制和广泛传播的特点，可以融入各种新兴的艺术领域。电影艺术、电视艺术、动画艺术等都属于艺术领域。其交互性和即时性较其他媒体艺术样式具有很大的优势，实现了主体和客体之间的交流互动，让观众在观影过程中拥有更多的主动权，使观众的主体地位得到明显提升。在未来的影视艺术发展方向中，数字艺术将是一个关键性的影响因素，既能满足大众的需求和审美，又能及时创新电影制作思路，通过多元化的手段来呈现想象空间，为后期的影视艺术作品创作提供新的美学形态。

本书探讨在数字媒体时代下，如何通过新的数字艺术形式来进行影视作品的制作，以及传达社会核心价值观的有效路径，为我国的影视产业建设带来借鉴与启示，以期建设更加成熟和规范的产业发展体系。本书为教育部青年基金项目"基于'5W模式'下中韩影视作品的社会核心价值观传播路径之比较研究"（项目编号：16YJCZH083）。

宋晓利

于江南大学

2021 年 10 月

目 录
CONTENTS

第一章　新媒体时代的影视产业

在如今数字化的时代下，新媒体艺术的表现形式也在不断发展，与传统媒体艺术单单依靠技术和图像等手段不同，新媒体艺术提供了更加丰富、立体、多元化的艺术表现形式。新媒体艺术（New Media Art）又叫作新媒介艺术，它并不是某种具体风格或派系，而是随着现代科技的进步而不断形成、发展的一种艺术体系。

现如今，各个学科之间相互融合与交流，神经科学、心理学、量子力学等学科给予艺术家无限的灵感，产生各种带有媒体和计算机技术的新兴艺术门类，这些以数字为主要媒体的艺术形式均被归纳于新媒体艺术的范畴。从艺术形态自身来看，新媒体艺术对应的是由成像技术所主控与传播的图像文化之社会语境，它更多地聚焦激浪艺术、前卫电影、视频艺术、数码艺术、网络艺术等。从艺术形式来看，它可以包括人工智能的追问；也可以和电子机械艺术，数据库美学、映射等数据形成可视化呈现；装置艺术、虚拟现实与增强现实、游戏和超媒体下的叙事、手机和区域性媒介、社交网络以及虚拟世界等，这些都是新媒体艺术探索的范畴。

第一节 数字媒体时代的影视作品特征

一、媒介

（一）媒介的概念

加拿大著名媒介大师麦克卢汉在其著名的《理解媒介》一书中曾经深刻指出"媒介即信息"和"媒介是人的延伸"，即语言、印刷、电子和数字文化塑造了不同时代人类行为的特征，由此，媒介文化开始成为一种价值观和意识形态为人们所重视。

（二）媒体的概念和特征

我们按照时间的顺序将媒体分为"旧媒体"和"新媒体"。"旧媒体"是指早期出现的媒体形态，也称传统媒体，其中分为电视、报刊、广播这三种形式（图1-1）。

报纸　　　　　广播　　　　　电视

图 1-1　传统媒体

传统媒体又可以分为第一传媒、第二传媒和第三传媒。报纸刊物属于第一传媒，这种传统媒体是纸介媒体，纸张和油墨是其依赖的媒介。广播、收音机、电台等属于第二传媒，其特征是模拟音频信号，以收音机为终端。第三传媒是电视和高清电视（HDTV），电视兼有报纸、广播和电影的视听功能。这是一种基于模拟图像信号的媒体，以电视机为终端。

新媒体是新的技术支撑体系下出现的媒体形态，可以说新媒体是一种环境（表 1-1）。新媒体是利用新的数字技术，通过计算机网络、宽带局域网、无线通信网、卫星等渠道，以电脑、手机、数字电视机等为终端，向用户提供信息和娱乐服务的传播形态。严格地说，新媒体应该称为数字化新媒体。我们将新媒体分为第四传媒和第五传媒。其中第四传媒包括数字电视、DAB、数字电影、数字动画等，这部分媒体依靠传统的媒介为终端，但又是传统媒体的数字化延伸，媒介产生流程数字化。除此以外，第四传媒还包括互联网、网络电子书、电子杂志、光盘、IPTV、网络视频、宽带、网站、博客等，这部分媒体依赖电脑为终端，基于数字化网络，具有交互性。第五传媒指的是手机、PDA、MP3、电子阅读器、平板电脑、数字多媒体播放器等，是基于无线宽带的数字化网络的移动便携式媒体，同样也是一种交互式的媒体。

媒介改变艺术的形态，瓦尔特·本雅明早在 1970 年前就已经认识到："近 20 年来，无论物质还是时间和空间都发生了巨大的变化。人们必须预计到，伟大的革新会改变艺术的全部技巧，由此必将影响到艺术创作本身，最终或许还会导致以最迷人的方式改变艺术概念本身。"

其中不得不提的就是电影的发展。从 1985 年第一部电影诞生起，摄影技术、机械技术与艺术慢慢融合。电影的出现打破了传统艺术的表达形式，让"机械+艺术"的形式成了典型。同一时间，娱乐工业蓬勃发展，其中以好莱坞电影为代表。电影的出现将科学与艺术相结合，拓宽了人类的视听限制，也让人们看到了科技与艺术结合带来的震撼效果。从电影开始，大众艺术的地位在上升，而传统艺术的"独一无二性"的"灵光"（本雅明语①）逐渐消散。从电影、电视、数字影像、DV 短片、微电影到新媒体动画，技术（媒介）与艺术日趋紧密的结合也意味着"新媒体哲学"开始成为理解当代艺术现象的钥匙。

表 1-1　媒体分类

媒体类型	媒体示例	媒体特征		媒体分类
第一传媒	报纸、杂志、图书、宣传单、海报、手册	纸介媒体，依赖纸张、油墨的媒介		传统媒体
第二传媒	广播、收音机、电台	模拟音频信号，收音机终端		
第三传媒	电视、高清电视（HDTV）	基于模拟图像信号的媒体，电视终端		
第四传媒	数字电视、DAB、数字电影、数字动画	传媒媒体的数字化延伸，媒介生产流程的数字化，依靠传统媒介终端		
	互联网、网络电子书、电子杂志、光盘、IPTV、网络视频、宽带、网站、博客……	依赖电脑为终端，基于数字化网络的媒体，以交互性为主要特征	交互媒体	新媒体
第五传媒	手机、PDA、MP3、电子阅读器、平板电脑、数字多媒体播放器	移动便携式媒体。基于无线宽带的数字化网络的媒体		

特别是最近几年，随着智能手机、智能服饰和可穿戴设备的发展，数字科技与人们的关系越来越紧密，也日益成为前卫艺术家创作的媒材。例如，2002 年播出的《少数派报告》中就出现了一种特殊的操作方式——用手势来控制。汤姆·克鲁斯通过摆动手臂打电话和操作视频

① MOURENZA DANIEL. Walter Benjamin and the Aesthetics of Film［M］. Amsterdam：Amsterdam University Press，2020：15.

的场景让人印象深刻。目前，手势操作设备已经在现实中实现了，比如华为手机某些款式已经具备此功能，在未来的生活中手势操作定将会普及。《钢铁侠》中，托尼·史塔克穿上钢铁衣后，操作界面就会跟踪他的眼睛。当他要查各个部件的信息时，只需要去看，相对应的信息便会直接聚焦放大。

再比如，电影中的语音控制。电影声音是电影媒介的基本元素之一。它使电影从纯视觉的媒介变为视听结合的媒介，使得过去在无声电影中通过视觉因素表现出来的相对时空结构，变为通过视觉和听觉因素表现出来的相对时空结构。在科幻电影《特种部队：眼镜蛇的崛起》（*G. I. Joe：Rise of Cobra*）中，战斗机"夜鸦"的开火系统，就是通过声音来控制的。

二、数字媒体艺术及表现元素

数字媒体艺术已经慢慢走进影视制作的方方面面。从电视机中的高清画面到有着高级特效的数字电影，再到模拟实景的计算机游戏场景，这些都可以看出数字媒体艺术现在已经成为新兴的艺术形式，带给人们全新的体验。随着数字技术的发展带动了艺术的数字化，促进了数字影像艺术这一新的艺术品的产生。

（一）数字媒体艺术

数字媒体艺术属于广义的媒体艺术的领域，是基于计算机语言和数字媒介的一门新型艺术形式，是科学、艺术和媒体相互交叉领域和实践型应用学科。数字媒体艺术的核心是艺术设计和数字科技。其媒体展示与传播形式，主要是借助于新媒体形式或数字载体，包括互联网、手机、平板电脑或数字交互媒介等来进行的（图1-2）。因此，从狭义上看：如何应用数字艺术创作工具是数字媒体艺术的研究重点，即根据人的需求和艺术设计规律来创作和表现具有视觉美感的艺术作品或服务产品。

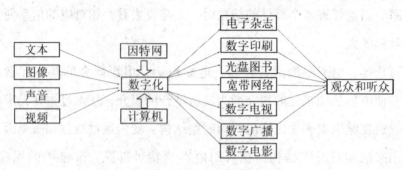

图1-2 数字传播媒介

数字媒体延伸和发展了人类的艺术创造力和想象力，具有多重特点。比如，数字媒体艺术具有语言数字化特点，在传统的印象中如果人们一提到买家具就会想到去实体卖场，而在数字化的时代这些就可以由电脑编程和数字化软件所制作的三维模型所代替，人们只需要打开该产品的相关数字展示链接，就可以在手机等上面轻松地看该款家具是否适合自己的需求。

数字媒体艺术呈现多元化的表现特点。人类社会从口语时代、印刷时代、电子时代发展到互联网信息时代，5G 技术、大数据、云计算等已经融入了人们的日常生产生活。微博、微信、抖音、快手等智能新媒体软件应用成为人们休闲娱乐、获取信息的主要途径。传统戏曲与不断涌现的各种媒体形式的邂逅，给自身带来了新的生机。

戏剧作为中国的传统艺术形式，不仅能够生动地体现人们的情感，在现代，还能够通过将舞台艺术与艺术数字相结合，从而发挥戏剧表演的多样化。数字媒体艺术究其本质而言，是属于大众文化的，具有大众化的特点，即艺术源于生活又高于生活。戏曲是我国传统文化的瑰宝，凝结了中华民族的美学思想。传统戏曲的发展史可以说是戏曲借助不同媒介的传播史。一旦戏曲传播媒介发生改变，戏曲艺术的表演、剧场和观众等都会发生相应变化。

当今是信息化时代，网络、电视、电脑随处可见，数字媒体艺术已经渗透进人们生活的方方面面，同样数字媒体艺术的发展也离不开人民大众。数字媒体艺术工作者为大众制作出了大量的视觉文化产品，同时数字媒体艺术因具有制作高效化的特点，为创作者提供便利的修改条件，节省了时间以及人力物力。

（二）数字媒体艺术的表现方式

数字媒体艺术作为媒介产品的结构体系可分为四大专业领域，包括时间媒体设计、交互产品设计、互动娱乐设计和传统媒体延伸设计。除了根据媒介属性对数字媒体艺术分类以外，也可以采用一种更为简洁的分支结构。在数字艺术早期，美术作品占的比重比较大，因此，数字媒体艺术在当时又被称为"数码艺术"。正像其他许多新生事物刚刚出现时一样，人们总是借鉴以往一些既有的名词、现象或视觉艺术形式去概括、演绎或命名新事物。当然，用电脑来画画只是数字艺术的一个领域，当数字艺术发展到今天，已经远远无法用"电脑美术"的概念来概括这一学科了。但"数码美术"仍然是数字媒体艺术的一个重要领域。它和新媒体艺术、数字实验动画、动态媒介和虚拟现实一起可以代表在纯艺术领域出现的数字媒体艺术。

如果基于时间变量对数字媒体作品分类，则可以进一步分为动态表现作品和静态表现作品。其中四个子项是电脑绘画、电脑图像处理、电脑动画、电脑视频编辑和后期特技。这些子项又可以进一步细分。静态

7

的表现艺术主要指最终的展示形式为静态的图像，例如，数字照片、印刷作品、网页图像等。也可以根据作品的创作方式分为电脑绘画作品和电脑图像处理作品。

在二级分类的基础上，使用图像软件（如 Photoshop、Corel Painter 等）为主要创作手段的作品可以归类于电脑手绘艺术，使用矢量软件（如 AI、CorelDRAW 等）为创作手段的作品可以归类于电脑图形艺术。通过分层合成的手段，上述两种图像还可以组合或"拼贴"成新的艺术作品。单帧的三维渲染图片是通过 3ds MAX 和 MAYA 等三维动画制作软件设计的，单输出形式为彩色喷绘或储存为 tiff、jpeg 等高精度动态画面。

计算机动态艺术可以分为线性和交互性两种媒介形式。前者的创作工具如 3ds MAX、MAYA、Avid Softimage XSI 等软件。网络动画和网络媒体软件如 Adobe Premiere CS5、Adobe After Effect CS5 等。计算机动画根据其表现形式可以进一步分为二维动画、三维动画和可交互性动画。在此基础上，通过电脑动画艺术、控件设计和视频艺术的合成，进一步派生出虚拟现实艺术、Web 3D 艺术、网络游戏、CG 合成电影等更丰富的多媒体表现形式。从应用领域来看，数字媒体艺术和设计所涉及的领域很广，它较多地表现在视觉艺术领域，包括广告、建筑和工业设计、多媒体产品、网络媒体、交互游戏、CG 影视特技和动画设计、服装和纺织品设计以及数字化信息设计或展示设计等。由此，数字媒体艺术具有交互性的特征。

"交互艺术"是一种新兴的数字媒体艺术形式，特指欣赏者（观众）能够通过视、听、触、嗅等感觉手段和智能化艺术作品实现即时的交流互动，并由此达到"全身心"的融入、体验、沉浸和情感交流。也可以说，交互艺术先由作者制定规则→从事创作→提供元作品→然后鼓励访问者参与→以改变作品形态的方式作为对访问者的反馈。作品形态的转变对互动艺术来说主要由访问者决定。交互艺术认为人们在艺术作品观赏中所扮演的角色是多重的、可变的，并把参观者看成作品不可或缺的一部分，强调受众的积极性、主动性和能动性。它要求参观者参与到作品中来，并通过这种互动使作品本身发生可逆或不可逆的变化，从而产生实时的、可变的艺术效果，这种动态和交互也正是作品生命力所在。交互艺术的表现形式，根据接触方法的不同可分为"桌面式""现场式"等。①

影视作品的审美关系呈现出交互性。在新媒体时代，视频观看模式的转变让很多学者发现，新媒体技术的不断进化给影视作品开发提供了新的机遇，可以通过优化播放器功能和外观，增加影视艺术作品和观众之间的互动元素。在观看影视作品时，受众者不再是被动的、静态的，而是可以通过"弹幕"等形式实现互动，对影像呈现产生一定的干预。② 同时也可以借助视频编辑软件，根据个人喜好进行素材的拼贴，并且还可以进行实时更新。近几年兴起的弹幕文化就是一种新的交互手段，例如，在《中国诗词大会》节目播出后，无数的网友在观看的同时打出弹幕，为中国文化博大精深刷屏，彰显了浓烈的民族自豪感，有助于影视艺术作品传播的良好反馈。

1. 桌面式

桌面式交互作品主要通过电脑与互联网来实现，人们可以随时参与到作品中，整个作品由网民进行异步设计或管理，所以这些作品并不是

① 韦艳丽，钱朝阳，张懿丹. 认知模式下新媒体艺术交互形式研究［J］. 艺术百家，2017，33（1）：235-236.
② 华夏微影文化传媒中心，国家广播电视总局发展研究中心. 中国微电影短视频发展报告［M］. 北京：中国广播影视出版社，2021：367.

一成不变的而是随时间不断变化的。例如，2008 年，故宫和 IBM 公司合作推出一款名为"超越时空的紫禁城"虚拟世界项目。这个项目打开了中国历史文化景点在互联网上首次展现的大门，让世界各地更多的人可以看到故宫的恢宏气势以及精美藏品。但这个项目绝不仅仅是单纯的展示，而是更加注重观众的使用体验。比如，游客在进入虚拟故宫时可以选择扮演各种角色，既可以是官员，也可以是宫女、太监等。还可以在虚拟故宫中体验多项游戏、与他人聊天、拍照等。总之，观众的整体体验感很好。目前，借助搜索引擎、多媒体动画、虚拟漫游和 VRML 虚拟三维展示等手段，桌面式交互艺术已经迅速发展。

2. 现场式

现场式交互作品的展示需要一定的空间，一般在博物馆、艺术场馆或者公共空间展示，并且多以"虚拟现实"或"多通道人机交互"的形式出现。① 现场式交互作品通过计算机来捕捉人的多种感觉，如语言、表情、唇动以及人的肢体动作等，并在捕捉后及时反馈。观众便在这种虚拟交互环境中与艺术品互动、对话。

现场式交互作品的出现为创意的实现提供了更多的可能性，给作者和体验者都带来了新的空间。它突破了传统艺术形式中作者与观众的关系，观众在作品的创作和诠释阶段的地位变得越发重要，特别是观众的参与方式和参与程度往往成为作品能否成功的关键。这种多通道、多媒体的智能人机交互作品可以再分为界面交互式新媒体作品和沉浸式数字媒体艺术作品。

（1）界面式数字媒体艺术

界面交互式新媒体作品是目前常见的一种展览形式，参观者通过触

---

① 何小青. 电影特效智能制作关键技术及产业化应用［D］. 上海：上海大学，2018.

摸、手势等肢体动作或操控控制器来与作品交互，并通过观众面前的屏幕或"交互墙"（图1-3）产生反馈结果。

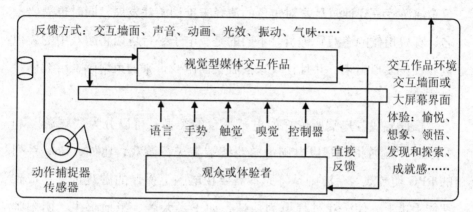

图1-3　视觉型媒体交互作品

观众在体验这种人机交互模式时的体验感接近于电子游戏，它更注重观众通过自身动作产生的惊奇感。例如，近几年来一直流行的角色扮演类游戏（Role-playing game）。游戏玩家通过在一个虚拟世界中扮演某一个角色来完成整场活动。在体验过程中玩家需要遵循一定的规则来推动游戏角色的发展，游戏的成败往往取决于玩家的某个行动方针。这些游戏的设计艺术以及玩家体验就是一种界面式的艺术效果。

这类游戏目前为大家所熟知的主要有桌游卡牌类游戏、端游类RPG，以及手游类RPG。对于桌游卡牌角色扮演类游戏，游戏玩家之间往往需要进行讨论，并且需要一名游戏管理员对游戏规则进行讲解和科普，以便顺利进行。"三国杀""狼人杀"等卡牌游戏就属于此类。在这类游戏中，参与者在一定的游戏规则下扮演各自的角色，同时完成相应的任务以赢得游戏的胜利。这种游戏并不需要过多的肢体参与，游戏自身的智能化程度较低，游戏过程也会受环境的影响，是一种典型的界面式交互。后续出现的角色扮演类游戏大多需要依附电子平台，游戏的类型也在不断地变化，从早期的文字类泥巴游戏（MUDs）发展到今天的大型多人在线角色扮演游戏，这种依附电子平台的角色扮演和桌上角色扮演游戏一样通过玩家对角色的演绎来推动游戏发展，同时也需要一名计算机担任的游戏管理员。不同的是，电子平台可以将游戏中的虚拟世界直接模拟出来，并且让玩家摆脱桌面游戏带来的束缚感，游戏体验感更强。

根据游戏客户端所依托的电子平台的类型，可以分为"端游"和"手游"。端游指的是以电脑为游戏终端来进行游戏，比如，Dota 系列的 RPG 类游戏。手游则是将原本需要在电脑上操作的游戏过程集成到智能手机上，使游戏过程更为便捷，如王者荣耀、绝地求生、阴阳师等。这部分游戏同样是让玩家以一定的角色参与其中，交互体验上依赖于界面屏幕，肢体参与度较低，采用的是界面式的数字媒体艺术。

（2）沉浸式数字媒体艺术

由于沉浸式交互作品的场地限制性，沉浸式数字媒体艺术主要出现在博物馆或者艺术场馆中，并多以"环境体验"或"多通道交互"的人机交互模式的形式出现。沉浸式数字媒体艺术作品通过计算机来捕捉人的多种感觉以及动作，例如，人的面部表情、唇动、肢体动作、手写等。但往往捕捉后等反馈需要一定的时间，所以存在一定的滞后性。观众通常"沉浸"在与虚拟计算机的交互环境中，并通过作品的互动探测装置，如光纤、触控和投影传感器等，与作品互动（图 1-4）。

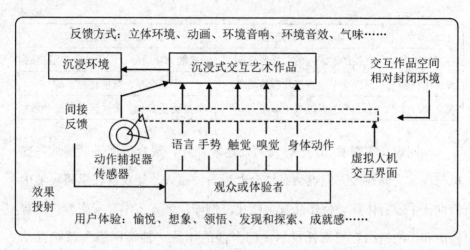

图1-4 沉浸式交互艺术作品

在自由度体验方面，界面式交互装置艺术对交互墙面或屏幕的依赖性高，而沉浸式交互装置艺术自由度更高，只有部分依赖交互墙或屏幕。在沉浸感体验上，界面式交互装置艺术在体验时由于其本身需要的交流互动，受周围环境的影响更多，而沉浸式交互装置艺术往往在一个单独的空间中，受外界的干扰少，沉浸感大大增强。在心理体验上，界面交互装置艺术是直接的、瞬间的、视觉化的，而沉浸式交互装置艺术是间接的、环绕的、滞后的、多通道的。在智能化程度上，沉浸式比界面式高，因为沉浸式体现的是环境的交互。从观众的参与度上来说，界面式更多的是触摸或者上肢参与，而沉浸式则会有全身的动作参与，有多通道的参与体验，感受分散（表1-2）。

表1-2 交互装置艺术对比

比较类型	界面式交互装置艺术	沉浸式交互装置艺术
自由度体验	对交互墙面或屏幕的依赖性较高	部分依赖交互墙或屏幕，自由度较高
沉浸感体验	观众受周围环境影响较大	封闭或半封闭空间加强沉浸式体验

比较类型	界面式交互装置艺术	沉浸式交互装置艺术
心理的体验	直接的、瞬间的、视觉化的	间接的、环绕的、滞后的、多通道的
智能化程度	界面交互、智能化程度较低	环境交互、智能化程度高
观众参与度	主要为触摸或上肢参与	全身动作参与，多通道，感受分散

如同观众在观看 3D 电影《阿凡达》那样，观众仿佛无痕迹地在虚拟与现实之间穿梭。但也会有结合上述两种模式，让观众在黑暗环境中借助挥手或身体舞动使作品发生变化。例如，装置艺术家安妮卡·卡普特丽和她的搭档克里斯托贝尔·门多莎的作品"神经网络"就将互动体验变得更加流畅和优美。她们结合了尼龙绳、投影仪和摄影头，设计出了一款"有形+无形"的交互装置作品。当观众走过或者向这件装置挥手时，摄像头记录了身体的动作，计算机控制尼龙绳进行有规律的波动，由此产生了非常有趣的互动效果。卡普特丽 2008 年毕业于坎布鲁克艺术学院，她和毕业于罗德岛设计学院的研究生门多莎共同完成了这件出色的作品。

(三) 数字媒体艺术的表现元素

1. 动感元素

数字动感涉及科学和文化传播等多个方面，它不仅能够呈现出动态的媒体艺术，还能够创造出媒体艺术。在我们的生活中电脑的画面就是使用的数字动感，然而动态媒体艺术是通过虚拟摄像机的作用，将变化的数据通过各种技术创作出动态媒体艺术。① 电脑中的虚拟摄像机能够打破人类视角范围的限制进行全角拍摄，让画面得到了更为广阔的表现

---

① 王一波. 电影中的动作元素：正义与邪恶的较量［M］. 银川：宁夏人民出版社，2018：42.

空间。

2. 音效元素

音效在整个数字媒体艺术的表现中是重要传播形式，一个好的音效跟画面一样重要，音效结合画面才能达到更好的传播效果。一个好的声音会使影片的时空变得生动，给形象赋予灵魂。声音传达的不单是信息更是一种情感，能够让整个人物形象更加丰满。如今数字媒体艺术当中，数字音效的地位也越来越不可忽视，作用也越来越重要，它逐渐取代了传统声音。

3. 特技元素

早期人们对特技的印象往往还停留在影片中人物的高深武功或者特殊的拍摄技巧上，其实高超的武功是配合道具和特殊场景拍摄出来的，这种拍摄方法费时又费力，即使这样最终呈现出来的效果依旧有限。此时数字特效的优点就显现出来了，它可以通过计算机利用各种元素，对图形图像进行深度的处理，从而制作出理想的画面。可以说数字特效既节约了时间又节省了金钱，同时提升了画面效果，给人带来美的享受。

4. 色彩元素

色彩是一种美的表现形式，能够让人产生视觉的变化。随着网络的发展，各式各样的广告、影片让人们看到了各种类型的色彩。色彩在数字媒体艺术中的运用也越来越重要，在广告的拍摄和电脑游戏的画面中，就可以看见数字色彩的运用，利用计算机设计出形象，并利用有关方面的原理对之进行深层次的分析，从而使之更好地服务于人们。这也使得数字媒体艺术有了更深层次的艺术形式。总而言之，数字媒体艺术是以数字技术为支撑的艺术，能够高效地发挥其在艺术传播中的优点，在未来的发展中越来越举足轻重。

三、新媒体艺术的模型

(一) 新媒体艺术的学科依托

新媒体艺术是广义的媒体艺术的一个分支, 是基于数字媒介的一门新型艺术形式, 是科学、艺术和媒体相互交叉领域和实践型应用学科。数字媒体艺术的学科依托、研究领域、主要的研究课题及研究方向可以总结为以下 (图 1-5):

图 1-5 数字媒体艺术

(二) 新媒体艺术的范畴

数字媒体艺术属于典型的交叉学科, 既有计算机科学的知识, 也有人文社会科学的知识 (如艺术学、传播学和符号学)。从目前我国的学科划分上看, 艺术学、设计艺术学、电影学和广播电视艺术学可以作为该学科艺术与动态媒介研究的理论依据。同时，符号学和语言学也是数字媒体艺术相关媒介理论研究的出发点。而作为数字创意语言、工具和传播载体，计算机科学与技术、软件工程等也是它存在和表达的基础。因此，上述国家一级和二级学科是数字媒体艺术学科构建的理论依托（图1-6）。数字媒体艺术的五个研究领域包括本体研究、方法研究、应用领域研究、史论研究以及民族化研究等。

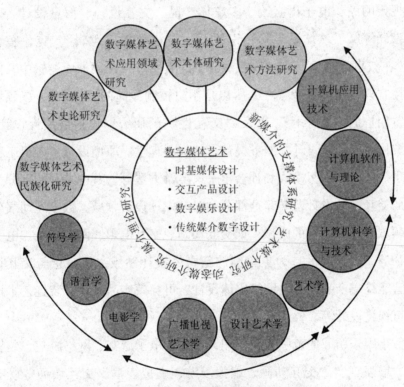

图1-6 数字媒体艺术学科理论依托

从狭义上看，新媒体艺术设计的研究重点是如何应用数字艺术创作工具，即图形图像软件或编程，根据人的需求和艺术设计规律来创作和表现具有视觉美感的艺术作品或服务业产品，并基于数字媒体时空来延伸和发展人类的艺术创造力和想象力。

数字媒体艺术作为交叉学科，可以说是数字科技、视觉艺术和媒体文化三者的结合。图 1-7 阐明目前数字媒体艺术所涵盖的领域，时基媒体设计领域包括数字影视、动画、动态媒介（片头、栏目包装、媒介广告、MTV 等）、实验影像、微电影、MTV、数字影视特效、影像编辑等。交互产品设计领域包括网络媒体，其中博客、网络购物、游戏社区、视频网站、电子出版物、多媒体产品、交互设计、信息设计、UI界面设计等属于该体系，其知识体系属于"数据库逻辑"。克鲁福认为："在叙事逻辑中，控制权在讲故事的人手里，在数据库逻辑中，同时，控制权也在接受者手中，所以是用户控制导向的。"因此，该领域更侧重用户的"需求性"以及"交互性"的研究，包括可用性设计、信息架构、智能化设计、服务设计、认知心理学、原型设计、人机工程学、用户体验、创客模式和社会学—人类学方法等，其中外圆的部分为广义的交互产品设计范畴，这部分和时基媒体设计领域、数字互动娱乐设计领域有许多重叠的区域，如交互动画、交互电影、网络游戏、电子出版物等，内圆的区域为更单纯的新媒体设计领域，如信息与交互设计、智能终端产品设计、网络媒体设计、可穿戴产品设计、装置艺术设计、可视化设计等。

数字娱乐领域的范围比较模糊，主要指电子游戏、网络游戏、装置艺术、增强现实、交互动画、虚拟漫游、虚拟表演、交互墙面等既有"时间媒体"的特征又有"交互性"的特征，并属于更侧重于观众或玩家"体验性"的艺术。这个知识体系属于"对话逻辑"。其进程主要是由互动性而不是由叙事形式所决定的，但这部分内容同样与上述两个领域存在相互重叠区域。而传统媒介延伸领域主要指基于纸媒或户外展示的平面设计、摄影、广告、装帧、插图、漫画、信息导航设计等，虽然

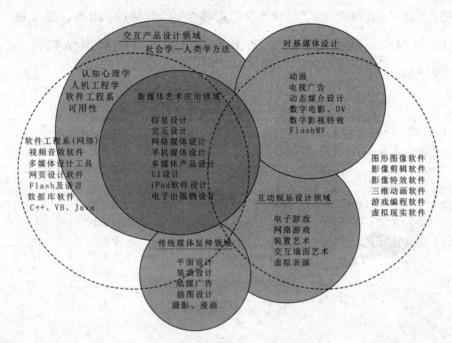

图1-7　数字媒体艺术涵盖领域

这个领域也属于"叙事逻辑"，但往往不呈现时间的依赖特征。而数字设计工具的"高效率"和"丰富性"更为重要。在图1-7中，数字媒体艺术创作、发布与传播中的计算机创作语言、工具或平台用虚线表示，其与媒介产品设计的重叠可以表示这些创作工具所涉及的领域。

（三）新媒体艺术的金字塔模型

数字媒体艺术的构成类似金字塔，它有四个面，每个面分别代表了：技术层面、艺术层面、媒体层面和服务层面。每个层面还有更详细的说明，这个模型的特点在于：通过一种更全面的、多角度的思维来看待数字媒体艺术。这个金字塔中的每个侧面都依赖于其他侧面而存在，相互依托，缺一不可，并形成金字塔的整体构架，也由此形象地体现了数字媒体艺术所具有的"综合性""实践性"① 的特点。此外，这个锥形的结构也反映出了它从社会服务到顶层设计的梯形结构特点（图1-8）。

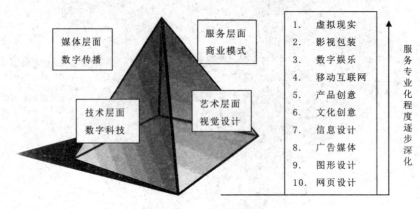

图 1-8　金字塔模型

数字媒体艺术是一种面向未来的艺术形式和服务模式。数字媒体艺术不仅关注界面、风格、色彩和信息传递等设计问题，更关注媒体在服务中的用户体验，建设艺术、媒体与科技相结合的创新平台，并服务于商业社会。由此来看，金字塔的四个层面也就很容易理解了。当然，这个模型不仅是指个人能力，也包括项目团队的人员综合能力。如淘宝网的客服团队就有许多专业的设计师、工程师、市场研究人员，他们将各种新颖的购物体验传递给买家，如虚拟试衣、好评率、搭配商品等。数字媒体艺术同时也是一种科学+艺术+媒介（商业模式）的艺术形式，没有媒介这个重要的环节，科学与艺术的结合就失去了意义。

---

① 江扬. 浅析互动媒体艺术的主题类型与基本特征：艺术与技术、思想与科学的新探索 [J]. 北京电影学院学报，2008 (4)：39-44.

第二节 新媒体时期影视作品分类

一、新媒体时代的影视文化产业

新媒体的出现改变了媒体与受众之间的关系，让双方可以实时交互。在影视作品的传播中也不再是单向的输出，而是观众可以通过评论、点赞的方式参与到作品当中，提升了观众的参与感。新媒体正在全面重塑影视受众的消费习惯。

受众是影视剧传播的起点和终点。传统的宣传方式已经无法满足当前的新媒体时代，现今的新媒体时代充分发挥了媒体的优点，利用融媒体立体推广，全方位宣传。在新媒体时代，任何一条信息的出现，受众都能够通过发表自己的见解、评论来参与讨论，让受众从被动的接受状态到主动参与。新媒体让传播途径从"一对多"转变成"多对多"的传播，每一个人都可以通过新媒体的渠道形成一条传播途径，这便是新媒体时代传播的重要特点。

新媒体的出现也改变了人们的消费习惯。网络上承载着海量的内容，用户可以快速便捷地获取到相关信息、图片、视频等。由于网络上的营销成本低且影响范围广泛，商家可以通过微博、微信朋友圈、小程序等来进行营销，成本小，效果佳。同时新媒体的营销灵活度和用户参与度高，可通过用户的转发扩大传播范围。视频网站和手机应用程序的广泛使用改变了人们的观看模式，不再需要用传统的电视机来观看视频，拉近观众与影视作品的距离。

新媒体环境下，影视作品的传播发生了变化，用户可以在网络平台上发表自己的观看体验，还可以为作品打分，这便对影视行业提出了新的挑战。通过融媒体的全方位推广变得非常重要，口碑营销甚至可以决定一部作品的成败。这种转变对影视从业者的思想观念、能力、制作水平都是一种监督，也在无形中促进了影视作品的发展。由此，在新媒体环境中，影视作品成为社会核心价值观传播的最有效途径。

二、网络技术迅速发展的时代

互联网技术的发展分为三个阶段。1969 年至 1993 年是互联网技术研发阶段，早期的研发主要是为军事战争的通信而服务，也有少数是为科学研究提供方便而服务，整体使用规模小，传输速率低。万维网技术的发明降低了信息交流和资源共享的技术门槛，为后期互联网的迅速发展提供了技术基础。① 虽然这一时期的互联网技术发展迅速，但应用技术相对单一，主要是文件传输以及电子邮件，操作方法也较为烦琐。

1994 年至 1996 年是互联网技术的社会化启用阶段。互联网慢慢从实验室走向社会，开始应用到各行各业中。这个时间段也是我国互联网的起步阶段。1994 年 4 月，当中关村地区教育与科研示范网络工程进入互联网，意味着我国成了有互联网的国家，随后 Chinanet 等多个互联网络项目在全国范围内相继启动，互联网开始走进我国民众的生活。至 1996 年底，我国互联网用户数已达 20 万，使用互联网开展的各种业务与应用也越来越多。

1997 年至今，是互联网技术社会化应用发展阶段，也是互联网在我国发展最为快速的阶段。互联网在重点领域，如工业制造领域、交通物流领域等得到应用；公共云计算服务平台建设、基于云计算平台的大数据服务等互联网技术在医疗、交通等领域得到应用。电子病历、智能

---

① 邱杨. 新媒介环境下的微电影艺术研究［M］. 南昌：江西美术出版社，2019：21.

交通等公共服务手段、平台的丰富和延伸，促进了社会服务管理模式的创新发展，智慧城市将继续成为全球城市发展的热点。

　　通过网络技术实现的一个经典案例就是美国艺术家肯·戈德堡在20世纪90年代推出的作品"远程花园"，这是一个互联网互动装置作品，能够让网络用户远程控制花盆上方的机械手来进行种植、浇灌。作者本人也承认："这可能是我们能想象出的最荒唐的技术应用了。"

　　将网络和艺术相结合的最佳范例之一是加拿大知名艺术家拉斐尔·洛扎诺-亨默在2000年推出的数字光雕塑作品"矢量高程"。这是一个为了庆祝千禧年的到来，用灯光改变墨西哥城索卡洛广场夜景的互动装置艺术作品。该作品通过网站www. alzado. net 来遥控广场周围的18个探照灯。该网站页面是3D界面的Java与VRML程序，允许访问者通过改变参数来设计光雕塑。访问者也可以从网页上看到别的参与者的姓名、访问地点和评论等信息。开放期间，墨西哥图书馆和博物馆终端设置了相关的网络接口，共有来自89个国家和墨西哥各地区的80万人访问了该网站，该作品还在加拿大温哥华、法国和爱尔兰都柏林等地展出。

　　近几年，网络艺术不再是艺术家的专长，转而大众化。网络艺术最重要的特征之一就是集体性创作。国内人气手游"阴阳师"在这几年推出的应援板活动，就是通过像素画的方式鼓励玩家们进行在线创作。这幅作品犹如将一张空白的画布放在网络上的公共空间里，欢迎任何玩家来作画或修改他人作品。虽然这是面向大众的作品，但也可以将之称为一种网络艺术。

第三节　数字媒体艺术的影视产业大发展

中华文化博大精深、源远流长，但是世界上其他国家对于我国文化的了解甚少。新媒体时代，有利于文化对外传播。我们应通过影视的对外传播来宣扬中华文化，提高我国文化的知名度和影响力。影视节目通过自身的优势让传统文化在银幕上展现，在满足了观众需求的同时带动了文化潮流。以创新赓续传统，用文化引领风尚，中华优秀传统文化的创造性转化和创新性发展必将硕果累累。由此，我们要重视数字媒体艺术在影视领域的发展，以及对文化及社会核心价值观的传播，传递正能量。而移动互联网技术的出现，对文化产业的每一个领域，都带来了重大而深远的影响。新媒体时代的到来，使我国的影视产业进入了一个全新的时代，对文化产业发展形成了全面而深刻的影响。在这个全新的时代里，影视产业迎来了重大的发展机遇，新媒体的蓬勃发展必将促进影视产业的蓬勃发展。

自古以来，任何艺术形式都与艺术媒介有着密不可分的关系。从某种意义上讲，艺术史就是媒介演变的历史。媒介的变化往往意味着观念、语言形式和视觉表现的变迁。同样，艺术的特征也往往是根据艺术媒介来分类的，如视觉艺术中的雕塑、摄影、绘画、建筑、工艺等；听觉艺术中的音乐、歌曲等；视听艺术中的戏剧、舞蹈、电视、电影等；视觉想象艺术中的文学、诗歌等。因此，通过人的感官接触方式来进行艺术分类是一种比较科学的，并得到多数业内专家学者认可的分类方法。但是，和传统的影视视觉、听觉艺术不同的是，数字媒体艺术下的影视作品还具有更为独特的表现特征。

一、融入新媒体技术

用计算机创作出来的艺术作品非常多，其中有交互艺术作品、电子游戏类艺术作品、数字图像类艺术作品等。目前，很多影视作品是混合媒介艺术作品，在创作中多使用二维、三维，以及各种虚拟影像等手段，最终创造出了让大众喜爱的影视作品。

二维动画。二维动画最显著的特征便是利用平面元素来设计出所需要的人、事、物。镜头语言一般都是处于静止状态，通过移动或变换平面元素来制作出动态，以达到真实的动画效果。这种利用计算机技术制作出的二维动画具有较强的多层叠画功能，虽然在实际的制作环节中运用到了许多动态素材，但是最终呈现出的平面效果，给观众一种全部由平面设计而成的感觉。二维动画作为具备永久生命力的艺术风格，是当前常用的制作手法。以字幕、背景为例，利用此技术进行设计可以为受众带来一种持续不断的视觉冲击。在制作二维动画的过程中也需要经历传统动画制作环节，但又有所不同。通过数字技术的应用不断地精减二维动画的制作流程，提高了制作效率，同时降低了资金成本。

三维动画。三维动画技术的普及对影视技术改革发展具有不可取代的价值。随着信息技术的发展，相关三维动画制作软件相继出现。其中应用比较广泛的包括 MAYA、3ds MAX 等。当前社会大众最为熟悉的、使用人数最多的是 AutoDesk 公司制作的以 PC 机为主的 3ds MAX 软件。因为计算机硬件文化的飞速发展，原本只能够在图形中使用一些剪辑类软件，现在已经可以在 PC 机上灵活使用，三维动画比二维动画具备更为宽广的发展前景。① 在使用 3ds MAX 软件建立几何模型时，可以在短

---

① 何小青. 电影特效智能制作关键技术及产业化应用［D］. 上海：上海大学，2018.

时间内做出具备立体效果的导角。同时，此软件还具备种类繁多的插件，工作人员可以借助此插件有效丰富动画画面。MAYA 的兴起时间比较短，但发展势头迅猛，其以 NURBS 建模闻名，为工作人员提供了十分广阔的创作空间。同时 MAYA 还具备较强的动力学系统，可以保障视频画面的精准度。

数字合成技术。动态画包括景别、节奏、角度等多个因素，依据镜头方向来确定画面剪辑需要注意的事项。在剪辑画面过程中必须要集合画面和声音，既保证逻辑性又实现画面与光线的统一。工作人员在剪辑影片过程中，需要时刻遵循节奏统一的原则，借助同步画面对影片主题进行渲染，以此来不断增加影视作品的情趣性。抠像在影视作品中十分常见，是合成技术中比较重要的一项技术。① 在抠像过程中必须保证前景与背景间的协调性。一般情况，抠像都是在蓝底或者是绿底上渲染其他颜色。若是抠像后直接将背景与画面进行合成，将导致画面出现严重"脱节"的问题，给人一种十分僵硬虚假的感觉。以键控抠像为例，其具备羽化边缘与收缩边缘的性能，可以有效解决以上问题。市面上兴起了许多智能抠像工具，有效增强了合成抠像的效果。

在进行影视作品的特效处理时，需要使用 After Effects 这一软件，在原有图层上增添特效，对一些关键帧动画进行合理剪辑。在处理过程中，工作人员可以使用不同的主体与类别参与软件，对画面进行渲染测试。在此基础上使用 After Effects，保证影片信息输出的有效性。同时，工作人员需要事先备份视频文件，以避免后期修改过程中出现丢失文件的问题。当剪辑师确定影片剪辑完成后，便可以将其合成影片保存成文件。以上流程也是利用 After Effects 软件制作视频的基本流程。

---

① 林云川，高岩，徐玮，等. 3D 电影制作技术研究与应用 [EB/OL]. 上海广播电视台，2017-10-26.

二、多媒体、多感官的表现形式

在新媒体时代，影视艺术的发展与技术的创新发展息息相关。当今，大众对影视作品的要求也越来越高，审美表现变得越来越场景化。随着数字技术和现实虚拟技术的发展以及广泛的应用，现在的媒体形式不同以往，形成了更加丰富和复杂的融媒体形态。数字媒体艺术的本质是"多媒体"和"超媒体"的艺术，通过数字化处理将不同媒体信息中的图像、声音、文字等都翻译成统一的"世界语"，即数字语言。将传统的视觉语言与三维动画技术以及合成技术相结合，创造出更加奇幻的作品。影视艺术方面借助新媒体技术的发展，创作出了一部又一部优质作品。在满足大众审美需求的同时也提高着大众审美品位。影像技术的发展影响着影视作品的创作，并且影响程度越来越深。

在影视领域，观众的满足感并不局限在传播技术和艺术制作层面，还希望影视产品的文化内涵可以更加多样，带给大众不一样的文化体验。影视艺术的创作需要不断应用新技术和新材料，影视艺术的审美表现也要不断进行创新，将艺术视野无限延展。随着 5G 时代的到来，影像技术更加成熟，艺术创作不再受延时性等因素的限制，影视作品制作在清晰度、色彩饱和度等方面都有了显著的提升，更加逼真和生动。[1]影视艺术的内容也更加富有创意，打破了时间和空间的局限性，通过虚拟手段给观众呈现全新的沉浸式体验模式。

中央电视台音乐频道曾经做了一档节目叫"一代芳华邓丽君"，虽然节目只有五期，但是在播出后依然引起了轰动。邓丽君的逝去让歌迷们十分惋惜，央视便采用全息投影的虚拟影像技术来制作了这一档节

---

[1] 韦艳丽，钱朝阳，张懿丹. 认知模式下新媒体艺术交互形式研究 [J]. 艺术百家，2017，33（1）：235-236.

目，让歌声穿越，令芳华重现。节目中的邓丽君仿佛真的站在舞台上唱歌一般，动作和声音都与真人一般无二，台下的观众瞬间沸腾了起来。这种视觉上带来的强烈冲击与全新的观影体验，让观众产生了强烈的情感共鸣。

数字媒体技术的发展已经融入影视行业发展当中，能够帮助影视作品提高关注度，同时能够保障作品满足观众的审美体验。在新媒体时代，影像技术的发展让观众了解了不同场景的美学意义，给大众的审美感知提供了更加广阔的空间。技术的发展会推动新的艺术形式的形成，艺术与技术在不断的融合中能够产生新的艺术形式，从而改变大众的认知行为。身处全新审美环境中的大众已经不能满足于单一的审美体验，因此沉浸式审美体验应运而生。

近年来随着科技的发展，VR技术也在不断精进。现在的VR技术能够通过使用者穿戴或者手持相关设备模拟人们的感官体验，形成一种能够交互的虚拟环境。使用者通过与计算机实现交互，来产生逼真的体验效果。VR技术现在已经运用到了电影中，VR电影打破了传统的电影形式，创造出了多感官的电影空间以及全景图像。当我们佩戴VR眼镜观影时，呈现在我们眼前的是虚拟现实空间，用户具有较高的体验感。

三、审美传播趋向跨界融合

在新媒体时代下，媒介的跨界融合，是影视艺术审美转变的主要表现和社会发展的必然趋势。影视作品如果想要取得高的关注度和收视率，就需要通过融媒体渠道来进行宣传，合理布局影视产业，推进影视产业整合和重塑的进程，逐步实现民主化和去中介化，以及实现影视产品营销的大数据化等。

新媒体技术的飞速发展，使得媒体的边界逐渐变得模糊。人们的观看渠道从传统电视机变成了移动端，传播渠道的改变给传统观影模式带来巨大冲击。同时，影视艺术传播通过多屏互动等手段拉近影视艺术作品和观众之间的距离，结合不同接收模式的特点，实现跨媒体融合。无论是内容的呈现方式还是传播深度，跨媒体传播的影视艺术，保证了传播效果和社会影响力。随着审美传播模式的转变，越来越多的高质量和高文化内涵作品获得关注、走进人们的生活，在资本和技术的支撑下实现了具有深层次影响力的审美传播。

媒介融合的新模式打开了影视产品传播的新局面，这种局面使得影视传播更具有人文关怀。例如，优酷在播出《长安十二时辰》时不仅推出了酷看模式，还配以剧情进展图和百科 tips 等帮助观众更好地了解剧情，提高了观众的参与度和互动性。酷看模式主要是通过同屏展示和平滑切换等技术，实现多路流和多角度的同步播放，《长安十二时辰》酷看模式不仅高度还原了长安城昔日的繁华景象，还通过对剧中服化道的品评，激发了观众对历史情节的好奇心，加深了对中国文化的了解和感悟。

数字媒体艺术的发展，催生了影视作品能够更好地展示"抽象主义艺术""超现实主义""科幻主义""哥特式艺术"，同时又在制作手段中，发展了"3D 角色设计""照片特效艺术""虚拟现实艺术""Flash 动感艺术"等（图 1-9）。

面对竞争激烈的影视环境，审美的创新是影视行业发展的必经之路，同时也是原创力提升的体现。影视作品的审美创新是这个时代的必然产物，也是一种历史机遇，无论何时，具有文化底蕴与充满艺术感染力的作品都是人们所需要的。一部优质的作品不仅仅满足了人们的审美需求更是精神食粮，创作出高质量的影视艺术作品是每个影视艺术从事者的使命。影视作品是中华文化传播的重要载体，在创作的过程中一定要把握好创作维度，让影视作品成为传播正能量的渠道，将中国声音播得更远，把中华文化传得更广。

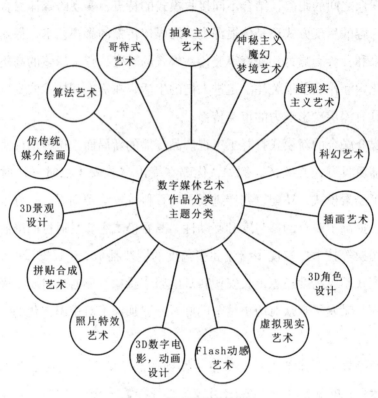

图 1-9　数字媒体艺术衍生

　　综上所述，影视技术的革新带动了影视艺术的发展，二者之间存在着直接关系。新媒体时代，影视技术的发展给影视艺术的创新带来了广阔的发展空间，也为影视艺术创作提供了新的机遇。技术的发展也影响了人们的审美体验，追求沉浸感，审美表现越来越场景化，传播渠道的跨界融合等。总之，在新媒体时代背景下，影视艺术的创作正在蓬勃发展。

第二章　数字媒体艺术下的影视制作

随着计算机技术的发展，数字媒体艺术在各行各业发挥着巨大的作用，动画作品逐渐成为影视类的主流产品，渗透进我们生活；互动媒体的开发为许多产业提供力量，为展示文化产品品牌提供新途径。数字媒体的发展逐渐改变了中国传统影视动画产业的营销传播渠道、运营管理模式，赋予了我国影视产业新的意义。

与传统艺术单向传输不同，数字媒体艺术具有参与互动性，是一种新的强烈虚拟性和理想性的表现形式，通过新媒体建构非真实幻象，并对当下问题提出假设或虚构，通过多种媒介手段积极参与大众文化。互动媒体艺术是一种视觉、听觉等多感官相结合的体验艺术形式，如果将作品中感官的种类增多，那么可以接受的感官刺激范围就会爆炸性地扩大，刺激程度变得强烈，接收到的信息量也会相应地增多，用户能更准确地接收到创作者想要通过作品传达出来的观念。

数字媒体艺术作为一种新兴的艺术现象，可以通过数字化信息手段让用户与艺术作品之间进行交流。随着信息科技不断发展，越来越多的设计师使用互动媒体艺术进行表现，公众能够更直观、更真实地与艺术作品进行交流。媒体艺术的互动性与公众的行为参与是分不开的。两者之间的交互特征也有助于我们了解现当代新媒体艺术的发展趋势。① 当前，使影视作品有沉浸体验的还是基于计算机技术发展的新媒体艺术。

第一节　动画技术的运用

　　动画设计是互动媒体设计中主要的表现形式，较易直观地展现和抒发人们的感情，提升了影视制作的创造力。② 了解动画设计制作流程，能帮助我们进一步了解互动媒体作品制作流程，掌握新媒体在动画作品中制作的原理、方法与技巧，提升动画作品综合实践能力，在此基础上对互动媒体的艺术创作与应用有较全面的了解，培养互动媒体艺术作品的基本创作能力，以及设计制作中应用计算机软件的能力，为后续专业设计打下坚实基础。

一、二维动画技术

　　二维动画是连续、快速播放多张图画，利用"视觉暂留"原理，即人眼在看见画面后仍然能保留 0.1~0.4 秒的图像，利用这一原理，连续地播放画面，在视觉上形成连续变化的动态画面。传统的二维动画是在赛璐珞片上使用水彩颜料进行手绘，再由摄影机逐张拍摄赛璐珞片上的画面。随着计算机技术的发展，二维动画可以使用计算机二维绘画软件进行描线上色，再由计算机合成。

---

① 刘世文.论新媒体艺术的互动参与性美学特征［J］.东方论坛，2013（6）：89-92.
② 韦艳丽，钱朝阳，张懿丹.认知模式下新媒体艺术交互形式研究［J］.艺术百家，2017，33（1）：235-236.

（一）二维动画的制作流程

首先，进行剧本创作，按动画内容篇幅，可以分为单本剧或连续剧；按故事发生的主要场地，可分为室内剧或室外剧；按题材，可以分为伦理剧、武侠剧、魔幻剧、校园剧、生活剧等。其次，根据剧本的类型进行编写，这里可以使用电影文学形式进行编写，对动画情节进行具体描述，如场景、角色、服装和道具等。题材分为原创与改编，其中改编主要有两种表现形式，使用故事中的角色或故事中的情节。应注意的是，剧本创作应有直观的时间或空间要素，避免将剧本写成小说，不应用说话的方式交代剧情，描述太多细枝末节的情节。这需要与编剧讨论，共同制定剧本，确定角色、场景和道具等美术风格形象设定方案。最后，制作企划草案，创作动画片的故事原型，并整理成稿（原创或改编），分析观众对不同种类动画影片的兴趣度，以及可能占有的市场份额、利润回报等。

（二）美术设计

美术设计包含了场景设计、角色设计、道具设计等多项艺术设计，其作用是对动画片的整体风格进行确定。

1. 场景设计

设计师在影片总体造型的基础上创作出为影片内容服务的空间环境，提供剧情发展环境，烘托剧情气氛，调动观众情绪等。如光盒力量（北京）影视科技有限公司出品的动画片《图腾领域》，场景依据剧情的发展，不断增加奇幻元素，一开始的场景都是现实世界里能够见到的，而不是从剧情开始便架构出一个陌生的虚拟世界。场景设计随着剧情发展，逐步变换到人类痕迹稀少的地区，最后到只有图腾兽生活的龙之洲。

2. 角色设计

角色设计在动画影片中占有核心地位，依据故事情节和导演创作意图，设计出符合故事背景和性格鲜明的角色形象，设计角色造型和性格特征时，应保证动画内容的完整性和角色形象的统一性。如《狮子王》中"木法沙"和"刀疤"的角色设计，可谓正邪分明，形成鲜明的对比。

角色造型的设计应抓住角色的基本特征。首先，考虑角色形体的高、矮、胖、瘦的差别。其次，以头部为标准衡量全身比例，判别身体较头部的宽度是大于还是小于，从头部到腰部有几个头长，手臂垂到腿部具体哪个位置等，同时可借助几何图形勾勒出角色基本框架。

3. 服饰、道具设计

服饰设计和道具设计，主要依据角色的性格特征进行构思，对刻画角色形象有着积极的意义，不仅可以美化、装饰角色形象，而且可以反映出角色身份、性格、时代背景等，具有隐喻作用。

(三) 二维动画中期创作阶段

二维动画中期创作阶段主要的任务是撰写与绘制分镜头，可由副导演执行，由其审查所有影片画面，提出修改意见。

1. 画面分镜头脚本

画面分镜头脚本是由导演和画家依据影视视听原则，将文字分镜头脚本转化为视觉画面，绘制关键镜头的连续性图样，并对画面分镜头脚本中的角色、道具场景、对白及音效等因素进行详细解释、说明，再向原画师、动画师、背景设计师、色彩设计师、摄影师、剪辑师等动画制作人员进行阐述。

2. 设置镜头

动画创作者掌握好设置镜头，是保障好影片效果的重要基础，其镜头包括远景镜头、全景镜头、中景镜头、近景镜头、特写镜头等。不同的镜头能够表述不同的情感和意境。我们通常可经由摄影机拍摄出来的画面看出作者的意图，因为从它拍摄的主题及画面的变化，能感受到拍摄者透过镜头所要表达的内容，这就是所谓的"镜头语言"。

远景镜头。远景主体为远距离的人物及广阔范围的空间环境，交代人与物之间的关系、人所处的位置等。远景具有广阔的视野，常用来展示事件发生的时间、环境、规模和气氛。比如，表现开阔的自然风景、群众场面、战争场面等。远景画面重在渲染气氛，抒发情感。在绘画艺术中讲究"远取其势，近取其神"，这一点和绘画是相通的。

远景画面不注重人物的细微动作，有时人物处于点状，故不能直接用于刻画人物。它可以表现人物的情绪，因为影视画面是通过画面组接表情达意的，通过画面承上启下的组接可以含蓄地表达人物的内心情绪。如影片《一个人的遭遇》，主人公索克洛夫从集中营中逃出后，他拼命奔跑，最后躺在麦田地里，这时出现一个近拉远的镜头画面，含蓄地表现了主人公获得自由的内心喜悦。远景还可以表现一定的意境。远景画面包容的景物多，时间要长些，一般不少于十秒。由于电视画面画幅较小，有人主张不用或少用远景。少用是对的，但不能不用。远景画面并不像大远景那样强调画面的独立性，而是更强调环境与人物之间的相关性、共存性以及人物存在于环境中的合理性。在这一景别中，画面主体视觉突出，除了光影、色阶、明暗、动势关系的强调外，还需要注意构图形式的作用。

全景镜头。全景镜头的拍摄主要以人物及人物周围环境为主体，拍摄人物全身，交代角色的外貌特征、肢体动作和所处的环境背景，镜头信息较为丰富，是拍摄内景时总角度的景别。全景具有较广阔的空间，既能展示出比较完整的场景，又可使人物的整个动作和人物相互的关系得到充分的展现。因此，在全景中，人物与环境常常融为一体，能创造出有人有景的生动画面。远景与全景又可称交代镜头。全景镜头交代了时间、地点以及整体的状态，是客观性描述的体现。全景的客观不仅仅体现在要以客观的态度对待拍摄对象，更为重要的是要交代给观众宏观的背景，从而引起观众内心对于某种事物的共鸣。

中景镜头。中景镜头取人物膝盖以上部分，叙事性强，以人物为主体，表现人物的动作及细节，以及人与人之间交流的关系，环境主要用于衬托人物，景别较全景有所缩小。在摄像构图时，取景忌讳卡在关节部位。

近景镜头。近景镜头的拍摄主要取人物的头部到胸部或某一物体的局部，主要刻画人物面部细微的表情，传达人物内心世界，渲染影片氛围，使观众与人物之间产生接近感。近景镜头可进行角色间的有效的情感交流，往往给观众留下深刻印象。因电视屏幕小的特点，近景在电视摄像中使用较多，同时近景有利于人物间的情绪交流，因此有人说电视是近景和特写的艺术。

特写镜头。特写镜头主要取人物头部到肩部、人体的局部或其他被摄物品的局部，突出人物、物体或环境的具体细节。被摄对象填充画面，具有生活中不常见的特殊视觉感受。特写镜头是视距最近的镜头。特写镜头呈现在银幕上时，由于视距近，取景范围小，画面内容单一、集中、突出，把所表现的对象从周围环境中突现出来，可以造成强烈和清晰的视觉形象，得到强调的效果。电影中的特写，是突出和强调细节的重要手段，它既可以通过眼睛的顾盼、眉梢的颤动以及各种细微的动作和情绪的变化，揭示人物的心灵，也可以把原来不易看清或容易忽视的细小东西加以突出，赋予生命，或借此刻画人物、烘托气氛，或用来介绍人物、时间、地点的特征。一般来说，特写镜头比较短促，运用得当能使观众在时间、视觉和心理上产生强烈的反应。特别是当它与其他景别镜头结合起来，通过长短、远近、强弱的变化时，能造成一种特殊的蒙太奇节奏效果。电影特写镜头可让观众清楚地观察到演员所表演人物的内心活动，推动剧情，给人带来强烈震撼。

3. 拍摄角度

从拍摄角度划分，一般有鸟瞰、俯视、平视、仰视以及倾斜镜头等。鸟瞰镜头，是全局性视角，在拍摄人物数量众多、场景宏伟庞大的情况下，可利用此镜头进行拍摄，渲染影片气氛。相对于鸟瞰镜头，俯视镜头是指人在正常状态下，视觉角度自上到下，能够充分暗示出人物优势心理的特征。平视镜头相较于俯视镜头更为客观，以平行视角进行拍摄，它减少了主观视角的心理优势感，使其在心理上与观众处于同一水平线，同时极易增强人物力量感的塑造，使得观众在主观心理上对影片中的角色印象深刻。倾斜镜头，以歪斜视角进行拍摄，主观意向较为强烈，用来表现迷茫、慌乱、反面角色等。仰视镜头，视角较低，从下往上看的视觉镜头，可渲染影片中角色恐惧、庄严和强大的形象，甚至能使矮小的角色形象瞬间变得雄伟高大。

4. 对白录音与音效设计

对白录音是音效师预先录制配音演员对动画角色的配音，提供给原画师绘制及后期合成。声画同步是动画制作所追求的，在传统动画制作中，原画师凭经验完成声音与画面的同步，随着现代数字技术的发展，动画制作使用预先的录音利用声音处理和口型计算技术，为原动画提供准确的口型变化，减少大量的动画制作时间成本，展现更优异的效果。

5. 原画的设计与绘制

原画师在分镜头设计稿的基础上对原画进行设计绘制，为动画片中的角色和物体的运动绘制每个镜头开始、中间与结尾的关键动作。导演和摄影师对摄影表进行填写，指明动画中对白、运动时间、绘制张数等制作，帮助动画师与剪辑师顺利完成后续工作。摄影表与导演分镜头台本是贯穿各工作环节的工作蓝本。

6. 绘制动画

动画（中间画），是动画片中角色、物体关键动作之间的渐变过程画面，动画师绘制角色与物体的所有中间动作。场景设计与角色设计也是绘制动画的重要步骤。场景设计依据导演分镜头台本进行分层绘制，分静止景、运动景、前景、中景和后景等。场景设计还可分为指示场景和表现场景两类，指示场景是角色在现实场景进行活动，而表现场景是指通过场景气氛来营造情感。

色彩设计在动画创作中占有重要地位，在设计创作中需把握色彩风格，一是提升动画整体画面的艺术格调；二是强化色彩视觉冲击力，如色调、明暗和纯度等；三是利用色彩的心理属性来渲染动画影片的整体情绪。只有充分掌握色彩的含义与搭配才能更好地塑造荧屏形象。

（四）二维动画后期创作阶段

二维动画后期创作阶段包括描线上色、合成，对剪辑师提出意见、参与剪辑，指导动画音效、特效等。传统动画与数字动画在制作程序上略有不同。

描线上色。传统动画在中期制作中，由动画师首先在纸上进行绘制，再在赛璐珞胶片上进行转描，而数字动画是在计算机绘画软件中完成描线上色，最后进行电脑合成。传统动画对已经完成校对的描线上色的画面进行拍摄，再将拍摄的角色和场景画面进行合成，而数字动画是利用计算机对描线上色的场景和角色进行合成处理。

剪辑是将动画片段画面按照影视视听语言进行整体的合成，传统动画是剪辑师按照导演分镜头台本的顺序将拍摄好的胶片进行连接,使画面的播放符合影片的节奏;而数字动画由非线性编辑软件进行剪辑,同时可加入特效,使影片具有更强的视觉冲击力和艺术魅力。

音效合成。剪辑师提前将配音、特效、音乐等进行混音处理后,与动画片情节相对应进行整体合成,制作出声画同步的动画影片成品。

二、三维动画技术

(一) 三维动画的简介与发展

三维动画也称 3D 动画,制作流程大体为:首先由创作者对整个作品进行一个初步设想,包括画风、时长、人物角色等,然后利用计算机动画软件建立出动画场景。建模师需要在这个场景中按照对应的尺寸构建模型,动画师根据事先定好的分镜头设定模型在场景的运动轨迹,通过模拟镜头的运动表达作品的镜头语言。最后就是给构建的模型贴上合适的材质,通过自然光、平行光等灯光效果加以有机组合,在场景中构建出自然唯美的灯光效果。在完成这些步骤之后,利用计算机的自动化运算导出动态画面,即三维动画。

到目前为止,三维动画可分为三个阶段:1995 年至 2000 年为第一阶段,是三维动画初步发展时期,皮克斯、迪士尼在三维动画影片市场上占主导地位。2001 年至 2003 年为第二阶段,此时期除皮克斯与迪士尼之外,梦工场开始迅猛发展。2004 年后,步入第三阶段,此阶段也称全盛时期,如华纳兄弟电影公司创作的《极地快车》,以及福克斯与蓝天工作室共同制作的《冰河世纪 2》等。

三维动画的关注度逐年增长主要有三点因素:其一,利用动画软件构建出现实或想象的场景,使观看者身临其境。其二,能够以较低成本制作出实拍过程中那些制作难度较大甚至根本无法实现的镜头。其三，独特的视觉表现力，在互动媒体的产品使用中能极大地提升企业和项目的形象。

（二）三维动画制作

三维动画技术的应用，为影视作品的发展带来了新的生命力，使三维动画中每个动画角色都活灵活现、栩栩如生。

1. 三维动画的前期制作

文学剧本创作即通过文字或简单的图片将作品的内容表现出来，它是动画创作的基础。与电影一样，剧本的质量直接决定了最终成品的艺术上限，需要在一开始就重视。无论是二维动画还是三维动画，制胜的关键是剧本，即内容。因此在创作初期一定要有非常成熟的剧本。[①]

分镜头剧本创作。导演根据文字剧本进行再创作，在自己创作风格的基础上将文字转化为视觉画面，以图画和文字、景别和镜头的运动、构图和光影、拍摄时间、音乐、音效等形式表现剧情，以一个镜头一张图片的形式进行绘制，对剧情中人物的具体动作、对话时长、镜头景别、拍摄方式等内容使用文字进行标注。

造型设计。指设计人物、动物和静物等造型。其中人物造型设计与动物造型设计主要通过外形设计与动作设计表现角色的身份背景、性格特色、外貌等特征，再通过角色的典型外形与动作设计多种分解图，此流程要求较为严格。

场景设计。通常用较为严谨的图画来表达平面图、结构分解和色彩气氛图等，是整个动画片中景物和环境的来源。

---

① 虞吉. 中国电影史 ［M］. 重庆：重庆大学出版社，2017：285.

2. 三维动画片段制作

建模。动画师在前期的人物、动物和静物等造型的设计基础上，使用计算机三维建模软件制作需要出场的所有角色和场景模型，常使用MAYA、3ds MAX 等建模软件。此项工作流程较为繁杂，要求较高。

材质贴图。即以材料质地的图片进行贴图，是利用计算机三维动画软件贴图坐标的概念，将提前绘制好的图片贴到已建好的模型物体上，贴图时需考虑材质图样的颜色、透明程度、反光程度、物体反射颜色、物体表面的粗糙程度，且均应与现实生活中对象的属性相对应。

灯光。灯光起到照明、渲染场景氛围等作用，最常用的灯光是三点光源，分为主光灯、补光灯和背光灯。主光灯是基本光源且亮度最高，决定着光线的方向及角色物体的阴影，角度一般处于物体 45 度左右。补光灯亮度较弱，用来柔和主光灯照射产生的阴影，常放置在靠近摄影机的位置，此灯光用于面部区域有较好效果。背光灯可加强被照射对象的轮廓，将对象变得立体，通常放置在背面的四分之三处，这能最大限度地模拟自然界光线和人工光线。

动画制作。在设计完成的分镜头剧本和造型设计基础上，在三维动画软件中对角色的动作进行关键帧数值设置，再由软件来完成关键帧之间的过渡。同时可利用三维动画软件中的动画曲线，即横轴为时间轴，纵轴为动画值，来调节角色动作的快慢急缓与幅度。

摄影。摄影机将分镜头的剧本设计和摄影原理相结合，控制镜头对三维动画软件中设置好的场景和角色动作进行拍摄，利用位置变化使动画画面流畅地播放，具有节奏效果，其中画面的稳定性和流畅度是摄影的第一要素。

渲染。用计算机三维动画软件在场景搭建、角色动作、赋予物体材质和贴图、灯光等基础上，渲染角色、场景或一段动画。渲染由渲染器完成，有线扫描方式（Line-scan，如 3ds MAX 内建渲染器）、光线跟踪方式（Ray-tracing）及辐射度渲染方式（Radiosity，如 Lightscape 渲染软件）等，其渲染时间与质量随渲染的方式和设置的数值依次递增或递减。较常用的渲染器主要有 Soft image 公司的 Metal Ray 渲染器 和皮克斯公司的 Render Man 渲染器，另外 3ds MAX 插件公司 Chaosgroup 发布推出最新 Vray 渲染器，其使用效果较为优异。

3. 三维动画的后期制作

影视类三维动画的后期合成依据分镜头设计的要求，对动画渲染片段、声音特效等素材，使用非线性编辑软件进行合成，生成三维动画。① 三维动画以计算机为工具，综合多种学科进行实际操作，它要求多人合作、大胆创新、不断完善。

（三）三维设计在互动影视中的运用

三维影视作品能够给观众身临其境的感觉，如建筑领域，早期的建筑动画因为 3D 技术的限制，动画创作形式单一。随着三维影像技术的发展与影视创作手法的多元化，优质的建筑动画脚本、精良的三维模型制作、多样的后期影视剪辑手法，以及不同表现形式的原创音乐、音效等，制作出综合水准越来越高、形式越来越多样的作品。

将园林景观进行三维动态制作，相较平面效果图更为真实、立体和生动。它突破传统的画纸或沙盘的规划方案，真实还原一个虚拟的园林景观，同时植物制作的效果更加生动。

工业领域也广泛应用三维动画，产品动画因可视效果好，容易实现交互，已经成为主要交互设计工具之一。产品动画涉及汽车、飞机等工

---

① 林云川，高岩，徐玮，等. 3D 电影制作技术研究与应用［EB/OL］.上海广播电视台，2017-10-26.

业产品，手机、监测仪器仪表等电子产品，机械零部件、钻井设备等机械产品，以及产品生产流程、生产工艺等。当然，在整个演示的过程中，为了增加受众的黏合度，大部分也会增加交互设计的环节。

过程模拟是以动画的形式模拟某一事物的过程，同时加入交互设计元素，促使观看者可以更好地了解演示内容。如交通安全演示、水利生产输送过程、化学反应过程、植物生长过程等三维演示动画。①

如果说计算机图形学的出现打开了数字艺术的大门，那么 CG 技术的出现则为影视艺术注入了新的活力。最初 CG 技术作为艺术特效出现在影视作品中，随着技术的成熟，CG 逐渐被广泛应用，成为影视作品中不可或缺的部分。CG 技术最早运用于 1975 年《星球大战》中。2001年《最终幻想》中人物及人物的面部表情和衣服褶皱、场景及道具全部运用 CG 技术实现。CG 技术的发展将影视视觉效果推向了一个全新的高度，颠覆了传统艺术的表现方式，使艺术具有更加广阔的发展空间。

三维时代的到来在于 3D Studio 软件在 PC 端的开发，但初期它只能进行简单的建模、添加材质和动画功能，直到 1996 年 4 月，第一个Windows 版本的 3D Studio MAX 诞生。此软件功能强大且对硬件系统的要求相对较低，使制作的成本大大降低，普通的动画制作公司也可使用。在早期，三维建模和渲染在软件制作中是分离的，1998 年 MAYA软件的出现是 3D 动画发展史上的一个里程碑。它集合了 Alias 和 Wave-front 最先进的动画及数字效果技术，几乎拥有了制作动画的全面解决方案，不仅具有基础动画软件制作功能，还具有最先进的数字化布料模拟、毛发渲染和运动匹配技术。

---

① 韦艳丽，钱朝阳，张懿丹. 认知模式下新媒体艺术交互形式研究 [J]. 艺术百家，2017，33（1）：235-236.

3D 电影是利用人两眼之间有 8 厘米左右的视觉差现象，在放映 3D 动画影像时，同时播放两副有一定差距的画面，让观众的左眼和右眼分别看到不同画面，从而看到 3D 影像，即模拟实际人眼观看时的情况。[①] 在拍摄时，安置两台并列的摄影机来模拟人眼观看事物，同时拍摄出两副略有差距的画面。放映时分别装入左右电影放映机，在放映镜头前分别装置两个偏振轴互呈 90 度的偏振镜。在观影过程中让观众佩戴一种 3D 偏光镜，相应振幅光的图像就会呈现在观众眼前，人眼根据左右感受到的不同的画面，通过视觉差仿佛身临其境。

《阿凡达》采用的是全新的 3D 摄影技术，拍摄的方式比普通的 3D 电影更加立体，观众不会因为画面的快帧递进与深层抖动造成头晕现象。影片为拍摄开发了一套虚拟摄影系统，演员需在没有任何摆设的空地进行表演，导演根据虚拟摄影机传输出的画面镜头，对演员在空地的表演进行指导，它可根据影片的需求从任何角度拍摄，更灵活地进行场面调度。影片的另一大亮点是光学式运动捕捉的运用，通过对特定目标进行光电监视和跟踪完成捕捉。演员佩戴的一套距离面部几米的全新面部捕捉头盔设备，即微缩高清摄影装置，可以完全捕捉演员肢体动作及人物面部表情，记录演员面部微妙表情变化，将演员95%的面部表情传送到计算机中与电脑制作的动画角色相结合，生成 CG 角色动画，其效果与真人演员的表情几乎无异，表情动作更加自然，大大降低制作时间及人力成本，同时画面更加逼真。

三、二维与三维动画在多媒体设计中的区别

在互动媒体交互整体的设计制作过程中，二维动画强调绘画技巧和

---

① 林云川，高岩，徐玮，等. 3D 电影制作技术研究与应用［EB/OL］. 上海广播电视台，2017-10-26.

表现水平，通常对画师的绘画技术水平依赖程度较高，对计算机技术依赖程度较少。三维动画在设计过程中需要利用计算机软件完成模型构建、运动轨迹参数设置和画面渲染等制作步骤，对计算机的依赖程度相对较高。

在前期策划中，文字剧本、人物、场景设计均是二维和三维动画创作过程中的必要流程。二维和三维动画在文字剧本和分镜头台本创作中并无本质的不同，其主要设计内容都是针对人物、场景、剧情进行梳理、阐述以及绘制。二维和三维动画在最初的人物形象塑造和场景设计中都是采用手绘的形式，但三维动画在完成手绘后，需要多进行一个步骤，即运用计算机三维动画软件按照手绘人物形象进行模型建立。因此，三维动画较二维动画在前期设计中更为复杂。

中期设计包括设计稿、原画（角色动画）以及动画流程制作。二维与三维动画在设计稿拟订过程中并无本质不同，均是对分镜头台本进行深化再创造。原画设计步骤，在二维动画中称为原画，而在三维动画中称为角色动画。因此，二维动画和三维动画在中期设计过程中较为相似。

二维动画和三维动画在后期创作过程中的区别较为明显。二维动画在表现物体的不同角度时需进行手绘，视觉表现力较弱。三维动画可利用计算机软件观察物体不同的角度，视觉表现力更突出。因此，在后期设计中，二维动画与三维动画在表现形式和表现力度上有一定的差距。

总体来说，二维动画和三维动画两者的表现形式既相似又有区别。对于二维动画和三维动画的设计来说，应考虑如何将二者进行更好融合，实现更强的视觉表现力效果，促进媒体交互发展，使观众和用户得到更好的体验。①

第二节　Flash 的运用

Flash 软件功能强大、可操作性强，对于设计交互式动画有很大空间，具有丰富的视频、声音、图形和动画功能。此软件可制作交互式动画作品。在播放作品时，观众或播放人员可进行实时控制。具体操作是观众或播放人员通过鼠标或键盘等操控动画播放，使观众从被动变为主动观看，使用体验感更优异。另外，Flash 实时传播接收信息效果更良好，反应信息更快速和直接。

传统动画与具有全新媒体属性的交互性动画有着较大的差异。差异具体体现在 Flash 具有事件响应以及交互作用，并且在 Flash 软件中可以自由设计动画效果的按钮以及菜单，用户可以通过多种形式来考虑事件的运行过程以及最终的结果。一般情况下，交互组件通过回答一个问题，从多项选择中选择一个进行判断，这样就能够充分地让鼠标控制图形对象，进而实现交互小型游戏的研发和设计。

2017 年，Adobe 宣布在 2020 年年底前停止对 Flash 的支持和开发，微软等各种浏览器纷纷宣布淘汰 Flash 计划。随着时代的进步，Flash 注定会留存在记忆中，昔日的 4399 小游戏、央视《快乐驿站》等 21 世纪初 Flash 的产物，是那时人们互动娱乐不可或缺的一部分。

---

① LARA MARÍA PÍA. Beyond the Public Sphere：Film and the Feminist Imaginary ［M］. Evanston：Northwestern University Press，2020：34.

第三节　Adobe Illustrator 的运用

Adobe Illustrator 是出版多媒体和在线图像的工业标准矢量插画软件。无论是出版印刷线稿的设计者、专业插画家、生产多媒体图像的艺术家，还是互联网页或在线内容的制作者，都会发现 Adobe Illustrator 适合生产任何复杂的项目，它不仅可以作为创作工具，还可以为线稿提供极高的精度控制。

Adobe Illustrator 最大特征在于使用贝赛尔曲线，即通过"钢笔工具"进行"瞄点"和"方向线"的操作。用户在刚开始使用时会不习惯，但是熟练掌握后便可以简便操作。其具有集成文字处理、上色等功能，不仅在插图制作、印刷制品、广告传单制作方面得到广泛使用，也已经成为桌面出版（DTP）业界的默认标准。

第四节　AR 与 VR 的运用

一、AR 简介及技术

人们普遍认为，增强现实技术的出现源于虚拟现实技术的发展，但二者之间存在明显的区别。具体来看，虚拟现实技术的核心在于打造一个集视、听、触、嗅等感官手段为一体的虚拟世界，是独立存在于现实世界之外的；而增强现实技术是将用户的真实世界加入虚拟物体，在真实世界的基础上加入了计算机模拟的三维模型。增强现实技术的出现符合当今设计从"适应机器"到"以人为本"的转变潮流。

　　增强现实技术将真实世界与虚拟影像技术进行有效的结合，大大提升了用户对现实世界的感知体验。要实现完整的虚拟现实系统需要识别与跟踪技术、显示技术和虚拟物体生成技术等共同支撑。AR 技术可分为识别与跟踪技术、显示技术、空间增强显示技术及虚拟模型生成技术。

　　识别与跟踪技术。增强现实技术在分析过程中，需要处理真实世界中的实物信息并加以比对，在正确的位置建立虚拟模型。目前大多数增强现实识别以目标图片为基础。在实际处理过程中，真实场景由摄像机获取，编译成字符串信息，然后通过图像处理技术识别目标图片。识别目标图片后，以坐标为参考，结合全球定位系统，计算机分析并确定三维模型在真实世界中所在的位置及数字模板的方向，将标记中的识别符号与预设的数字模板图像进行比较，提供三维虚拟物体的基本信息，最后将三维模型正确生成在目标图片之上。增强现实技术中最大的挑战是跟踪识别和确定坐标问题。① 在实际场景中，由于环境的复杂性，增强现实手段在这些环境中的效果远远低于实验室中的理想测验。在真实世界往往会出现遮挡、摇晃、光线不足等问题，这些对于增强现实技术是很大的挑战。

　　显示技术。显示技术主要依靠电子媒介将资源可视化展示到用户面前，通过自发光屏幕创建良好的增强现实环境，目前主要使用的显示技术有移动数字终端、全息投影以及可穿戴显示设备三种。移动智能终端使用相应的增强现实软件就可以实时查看真实场景并显示叠加的数字图像。与此同时，平板电脑的功能越来越丰富，大屏时代正在来临，并且变得越来越流行。通过标记物进行增强现实识别是最普遍的方法。通常

---

　　① 邱杨. 新媒介环境下的微电影艺术研究［M］. 南昌：江西美术出版社，2019：150.

使用一张具有特定意义的图片。用户将移动终端的摄像头对准该图片，可以读取存储在图片中的信息，并在显示屏上呈现出三维虚拟物体和其他视听语言。

空间增强显示技术。不同于普通增强现实系统，它不仅可以面向单个用户，还可面向多个用户，并与周围环境相融合，如全息投影等视频投影技术，能够直接在真实世界中实时展示虚拟模型或数字信息。此类技术适用于大型博物馆或科技馆，可以为大型用户群提供直接显示的增强现实信息。

可穿戴显示设备是目前比较流行的、正处于开发最后阶段的增强现实设备，例如谷歌公司展示过的 Google Glass。可穿戴显示设备具有两个小型显示器，一般还具有内置摄像头，允许用户更自然地体验增强现实场景，并且可以为用户提供更宽阔的视野，为用户提供更逼真的临场体验。

虚拟模型生成技术。在应用增强现实技术时，虚拟模型生成技术将虚拟世界中的内容与现实世界相结合，可以充分体现虚拟对象在真实世界中的真实感，动态增强现实模型，在全方位、具体化地显示对象的基础上进行研究和开发。自然交互是虚拟对象在生成过程中的重要技术内容之一，交互方式的加入使得虚拟物体在屏幕中显得更为生动，对虚拟物进行指尖触控、声音识别等互动方式可有效地辅助增强现实技术，能够更好地传播信息，可以使用户在与虚拟物进行互动时，更加有效地提取有效信息，呈现物体变化过程。

AR 使用手段可分为两类，第一类是基于计算机视觉的 AR 技术。使用计算机视觉来建立现实世界和屏幕之间的映射，在计算机上制作的

3D 模型或图片能够依附在现实世界的物体上或展现在屏幕上。[①] 其核心是在实际场景中寻找平稳的平面，然后将真实场景中的平面投影到二维的 LED 屏幕中，然后建立用户想要在平面上呈现的图形，其中分为两个技术类别：基于标记的 AR 技术（Marker-Based AR）和无标记的 AR 技术（Marker-Less AR）。

基于标记的 AR 技术需要一个事先制作的标记物体，将标记物体放置在现实世界中的一个位置上，然后通过相机姿势估计识别和评估标记，确定位置。中心为原点的坐标系称为模板坐标系（Marker Coordinates），从模板坐标系到实际屏幕坐标系的转换需要旋转成摄像机坐标系（Camera Coordinates），然后从摄像机坐标系映射到屏幕坐标系，进行变换，建立模板坐标系和屏幕坐标系的映射关系，坐标变换完成后就可以实现基本的增强现实效果。在实际编码中，所有上述变换都是矩阵。在线性代数中，矩阵表示变换，线性变换就是矩阵乘以坐标。对于平移非线性变换，齐次坐标用于矩阵运算。矩阵 C 是摄像机的内部参数矩阵，同时矩阵 Tm 是摄像机的外部参数矩阵。C 通过摄像机校准预先获得，Tm 未知。Tm 必须基于屏幕坐标（xc，yc）和预定义的目标图片坐标系及 C。使用 OpenGL 绘图时，Tm 矩阵以 GL_ MODELVIEW 模式加载 Tm 以进行图形显示。

无标记的 AR 技术的基本原理与基于标记的 AR 技术相同，这两种技术的不同点在于无标记 AR 技术通常使用任何具有足够特征点的物体作为平面基准，它不需要标记图片的加持。其原理是通过 SURF、ORB、FERN 等算法提取平面基准的特征点。用户使用手机摄像头扫描周围物体，计算每个部分的特征点数目，如果与模板物体的特征点匹配重合到

---

① TEO STEPHEN. Chinese Martial Arts Film and the Philosophy of Action ［M］. London：Routledge，2021.

一定数量时，则认为扫描到平面基准，然后 Tm 按照特征点数进行计算，最后进行图形绘制。

第二类是基于地理位置信息的 AR 技术，通过移动终端中全球定位系统获取用户的地理位置，从谷歌地图等资源包中获取用户周围的建筑物信息，将系统预设的三维模型和数字信息按照位置摆放在用户周围，之后的坐标变换等原理与基于标记的 AR 技术类似，风靡全球的"精灵宝可梦 Go"就是典型例子。这种 AR 技术用户体验比基于计算机视觉的 AR 技术更好，而且由于不用实时识别标记姿态和计算特征点，性能方面更优秀，因此可以更好地应用到移动设备上。①

二、VR 简介及技术

VR 是集视、听、触、嗅觉为一体的仿真技术的交互式虚拟现实技术，整个系统涉及计算机图形学、人机交互技术、传感技术和人工智能等领域。用户使用数据头盔、手套、衣服等设备与计算机虚拟空间进行交互，感受与真实世界极其相似的交互体验。虚拟现实技术通过计算机技术的数据产生电子信号，与输出设备相结合，转化为人们现实生活可以看到的或肉眼所看不到的物体。

虚拟现实技术可以使用户在虚拟现实世界中体验最真实的感受，犹如身临其境。同时，虚拟现实具有人类所拥有的感知功能，还具有超强的仿真系统，人在操作过程中，可以随意操作并且得到环境最真实的反馈，真正地体现了人机交互。虚拟现实技术可以实现想象的场景，实现交互式体验，具有极强的沉浸感的特点。

实现想象的场景。虚拟设计系统中可通过语音控制系统、数据手套

---

① Lara María Pía. Beyond the Public Sphere：Film and the Feminist Imaginary ［M］. Evanston：Northwestern University Press，2020：23.

等设备进行控制，凭借虚拟现实的环境，根据所获取的多种信息和自身在系统中的行为，通过逻辑判断、推理和联想等思维过程，随着系统运行状态变化进行想象。合适的应用对象加上虚拟现实的创意和想象力，可以大幅度提高生产效率和提升产品的开发质量。

实现交互式体验。虚拟现实的一大优势在于其具有良好的交互界面，用户在对虚拟现实中的对象进行触碰等操作时可以得到及时的反馈，这主要借助于专用设备（如数据头盔显示器、数据手套等）产生反馈，以如同在真实世界中一样的手势、身体姿势、语言等动作，操作虚拟现实中的对象。

具有极强的沉浸感。指用户作为主角存在于虚拟现实中的真实程度，这是虚拟现实技术最主要的特征。影像沉浸感主要包括感知性、自主性、三维图形中的深度信息、画面的视野、实现跟踪的时间或空间响应以及交互设备的约束程度等，可以使用户身临其境地感受与体验产品。"Tilt Brush"是谷歌开发的一款具有沉浸感的 VR 绘画应用。通过头戴 VR 显示器，配合手柄，玩家可以在 3D 的立体空间中自由地作画，将绘画创作空间从 2D 转成 3D，突破现实空间的限制，可以在空气中直接创作任何想要的 3D 图像。

动画电影《美女和野兽》《小美人鱼》的迪士尼动画师格兰·基恩，曾经这样描述 VR 绘画："透过能够在虚拟空间创作的工具，戴上头罩，宛若走入画纸之中。① 创作时，东南西北所有方向都为我敞开，感觉不再是在作画，像是在快乐地跳舞。它可以赋予画像真实的大小与身形，画出来的美人鱼完全符合我的想象，即使摘下头罩，我仍感觉她真实存在。"

---

① ALBARRÁN-TORRES CéSAR. Global Trafficking Networks on Film and Television：Hollywood's Cartel Wars［M］. London：Routledge，2021.

艺术家们将艺术和技术相互融合促使其产生多维度、沉浸感的艺术表现形式。如"沙中房间"是由美国传奇音乐家萝瑞·安德森（Laurie Anderson）及中国台湾新媒体艺术家黄心健共同创作的 VR 互动作品。作品巧妙地将艺术和技术结合起来，由八个独特的房间构成，挑战观众对既有时间、空间与感官的认知，让观众透过影像化的 VR 穿戴装置，飞梭在由文字、图像、符号、声音与记忆所构成的无限空间中。

第五节　全息投影的应用

一、全息投影技术原理

全息投影技术也称虚拟成像技术，利用干涉原理和衍射原理，记录并再现可以与表演者互动的立体空中幻象，具有震撼的演出效果。自激光在 20 世纪 60 年代被发现后，全息投影技术飞速发展，其原理就是利用干涉和衍射，记录并再现物体真实三维图像。

全息技术第一步是利用干涉原理记录物体光波信息，即拍摄过程。被摄物体在激光辐射下形成漫射式的物光束；另一部分的激光则照射到全息底片上并与物体上的光束进行叠加，将物体光波上各点的相位和振幅转换成空间上变化的强度，利用干涉条纹间的反差和间隔记录物体光波全部的信息，再将记录着干涉条纹的底片经过显影、定影等处理程序后，形成一张全息图。

全息技术第二步是利用衍射原理再现物体光波信息，即成像过程。在激光照射下，一张线性记录的正弦型全息图衍射光波产出原始像（初始像）和共轭像，可再现立体感强的图像，具有真实的视觉效应。如今全息投影主要依靠水雾投影、全息投影等形式进行呈现，全息投影技术凭借较低的成本已大规模商业化，如舞台上的立体影像等。

二、案例研究

全息投影技术最早通过娱乐行业进入大众视野，在舞台展演方面大放光彩。随着技术迅速发展，全息投影逐渐渗透到各个领域，我们对于全息投影技术的应用也越来越广泛。2010 年，日本世嘉公司将一个日本知名的虚拟少女歌手"初音未来"展示在观众面前，其利用的就是 3D 激光全息图像技术。初音未来这个虚拟歌手借助全息技术突破二维屏幕的束缚走到观众环绕的舞台中间，活灵活现地表演歌曲，还能够与观众互动，大大提升了观众的现场体验，仿佛真人出现在面前，大大调动了现场的气氛，产生了令人震撼的演出效果。

2014 年，好莱坞视觉特效团队——数字王国特效公司，通过数字全息影像技术使迈克尔·杰克逊在舞台首秀新单曲《节奏奴隶》，他身穿着金色夹克和红色裤子在舞台中央亮相，再度表演经典太空步。

2015 年 5 月 9 日，台北小巨蛋举办了一场华语天后邓丽君逝世 20 周年虚拟人纪念演唱会。邓丽君身穿华丽礼服，演唱《甜蜜蜜》等经典歌曲。之后费玉清跨时空和虚拟邓丽君合唱《你怎么说》和《但愿人长久》等歌曲，就像同邓丽君真人在进行互动。两人默契配合近乎完美。继两年前和周杰伦合唱后，虚拟邓丽君再次和费玉清隔空对唱，令台下许多观众感动得落泪。

第六节　多媒体创作软件的应用

在互动媒体使用日益频繁的情况下，简化变得越来越重要。创作工具是一种多媒体软件工具，能够简化多媒体系统编码过程，在系统集成阶段被广泛使用。它能在软件工程师输入多种媒体元素（多媒体素材）的基础上，自动生成程序代码。

　　互动媒体软件在设计中，首先应突出集成性，可组合多种媒体，链接外部应用程序。其次应突出交互性，向作品提供逻辑判断、超级链接等功能，加强所开发的作品与用户之间的交互能力。最后应突出标准化原则，包括工具本身用户界面的标准化和所开发的作品界面的标准化，保证界面友好、简单易操作。人们早在数字时代来临之前就在不断尝试视觉化的创造，从未放弃将无形化为有形的探索。二战后期计算机的出现进一步推动了信息技术的发展，越来越多的无形的信息出现在我们身边，艺术家也开始关注这些信息，随着信息可视化技术的发展，越来越多的信息（可视化）艺术作品必将出现。

一、"数据可视化"与"艺术可视化"

　　在这个大数据时代，"数据艺术"听起来正是这个时代背景下产生的新兴艺术形态，但是实际上数据这个概念并不新潮，我们从远古时期就开始注意对数据和信息的收集与诠释，"数据"本身的出现甚至早过我们的历史，大数据时代的来临使我们又重拾起了对数据的关注。① 计算机可视化技术的出现让科学家开始利用计算机进行数字创作，艺术家也开始对数据进行整理与设计，涌现出了大量的依据数据信息创作的作品。数据打通了客观世界与主观世界，为创作者提供了全新的角度与素材，但是很遗憾，现阶段的数据艺术大多停留在可视化展示的阶段。

---

① WILLETT AMANDA. Media Production：A Practical Guide to Radio，TV and Film
[M]. London：Routledge，2021.

（一）"数据"与"信息"

信息与数据在不严谨的情况下常常被大家交替使用，导致有人将信息和数据理解为同样的含义。"数据"的英文是"data"，作为现代计算机术语首次使用于 1640 年，用于表示"可传输和可存储的计算机信息"。"data"一词源于拉丁文"dare"，意为"给予"，可以由此得出数据是可以被质化量化的，是某种客观现象所能"给予"的东西。

数据艺术是计算机可视化技术从实用工具发展到思想表达方式的产物，在任何领域人类都未曾放弃过对美的追求，这种追求促进了数据艺术脱离计算机可视化技术而出现。数据的使用源于计算机技术，利用数据对艺术方面的探索最早出现在利用计算机进行图形图像化处理这一领域。随着计算机技术的发展，人们开始以数据作为工具进行分析预测和模拟。作为展示手段的计算机可视化技术随之出现，这些利用数据和算法的科学图像激起了艺术家的兴趣。网络信息技术的成熟发展使许多信息被公开出来，数据的获得变得更加容易，计算机程序和软件使用难度也在降低。越来越多的艺术家开始了解并且有机会利用计算机技术进行创作。这里指的并不是像 CG 艺术一样以计算机作为工具产生的作品，而是使用真实数据作为驱动，利用计算机技术进行处理而得到的艺术作品。计算机可视化技术也逐渐从用于科学分析预测转向艺术领域的探索。

（二）数据艺术可视化

可视化在词典中查不到具体含义，它起源于 20 世纪 80 年代初的计算机科学可视化。20 世纪 90 年代后期中国计算机科学在可视化领域迅速发展，出现了大量包含"可视化"内容的论文，直接影响了整个社会对这一词语的理解。

　　和一般计算机科学界所说的借助科学技术实现的可视化作品，以及普通的信息图形不同，我们把一些艺术家通过自己的设计手段完成的可视化作品称为艺术可视化作品。他们都是通过艺术设计的方式制作的可视化作品，作品的核心在于"可视化""可读性"和"信息的表述"。如"中国古代家族树"是中国设计师向帆和朱舜山在中国古代家谱数据库的基础上，利用算法制作的可视化作品。作品通过将上千的人物血脉相连，按时间顺序向上生长，生成了唐、宋、元等大型家族树，旨在探寻千年前的血脉之源。从作品中可以清晰地看出各自家族之间明显的差异特征，显现出兴衰更迭的宏观场景。

　　我们在浏览器中搜索数据可视化时，"数据可视化"与"艺术"总是同时出现的。虽然对数据艺术的研究逐渐增多，但是在该领域对数据艺术与数据可视化仍没有一个公认的定义。数据可视化领域创作人 Lisa Charlotte Rost 曾在个人网站中提出过这个疑问，他指出数据艺术与数据可视化之间的差异在于设计与艺术，而设计与艺术的界限在于作品是否具有功能性。他认为："数据可视化作为设计作品应注重作品的可读性，然而数据艺术不需要有功能性，应该像其他艺术一样能够提出问题。"因此，数据可视化作品多用于信息传播等领域。David McCandless 认为："数据可视化是在设计人们的'理解'。"例如，韩国艺术家 Jin Wan Park 和 Gyuwan Choe 的艺术作品"Visual Genealogy：Mr. PARK"，艺术家利用原型图的方式展示了自己的家族信息，体现了人口的暴增，然而从图上我们并不能读出与他家族有关的信息，这一作品就更偏向是数据艺术作品，因为作品本身并不是为数据被理解而设计，而是表达作者的思想。

　　数据艺术从字义来看就是数据和艺术。本质在于数据，即艺术家以数据为基础创作的艺术作品皆为数据艺术，而艺术作品则是创作者刻意制造，旨在表达思想或是内心感受，将意图实现为物质同时又能在一定程度带给人们审美体验的作品。宽泛意义上讲数据艺术中的"数据"并不特指计算机数据，非计算机数据作为原材料的艺术作品也算作数据艺术作品。如"Mass Windwalk"是英国艺术家 Tim Knowles 在 2013 年与悉尼城市委员会和 NAS 画廊合作的作品，他组织了 50 个人背着箭头从悉尼的泰勒广场出发，按照风道行走，在风的引导下步行 1 小时，分散在整个城市的路线中（通过特制的智能手机应用进行现场记录），绘制出一幅现场图。作品表达的核心与数据有关。所有的设计师都清楚永远不要因为追求美感而抛弃可读性，而艺术家不需要考虑任何功能性的层面。

二、数据艺术特征和分类

在计算机领域，数据艺术是以艺术创作为目的的数据可视化，区别于以实用为目的的数据可视化。后现代主义起源早于数据艺术，可以说数据艺术存在于后现代主义的语境下，在后现代主义的语境里艺术家不断尝试新的材料与技术，创作出越来越多的艺术形态，艺术与科技不断碰撞出新的火花。不同于新媒体艺术将技术作为工具或者辅助创作的艺术形式或者手段，数据艺术是技术与艺术的结合，从思想观念上具有自身的独特性，技术也不再单纯是辅助的手段而是作品本身的一部分。

我们可以想到一些功能性不明显的可视化图形图像，但是数据艺术的范围远远不止于此，根据作品形态可以从表达形式上将作品分为静态和动态的数据艺术作品。静态的数据艺术作品，通过形态可分为平面化的数据艺术作品和立体化的数据艺术作品，艺术家利用数据加工可得出平面化的数据艺术作品。

静态的数据艺术作品，如艺术家莫芷的作品"母亲河"是艺术家对于自身基因数据分析出一种源于母亲基因传承的母系单倍群类型，通过刺绣的方式制作。在历史上，父系血缘、姓氏往往和决策、权力分配密不可分，而现在，大数据基因图谱让人们得以重新发现主流历史之外的母系血缘，觉察女性的价值与存在。作品采用红色绣线和刺绣的方式体现了血液的流动，刺绣的方式展现了传统女性的生活日常，表达了作者对母亲的敬畏。立体化的数据艺术作品，如 Matthew Plummer-Fernandez 的 Sound/chair 是艺术家通过测试 719 个声音样本，以声音的音量频率为图形基础，最终得出了这把通过声波形成的椅子。当声音以这种方式呈现时，声音的美丽和未被探索的美学就被发现了。一种由尖刺和形状组成的景观，其形状随声音的类型而变化，通过改变声音的音量、长度和频率可以改变椅子形状，一把椅子承载了声音的继承美学，同时也是一把可以听到声音的椅子。

动态的数据艺术作品，通常为表演展示形式的作品，如实时动画。数据艺术动画可以和任何物质结合，不只局限于屏幕上的展示，如作者受到泰晤士河涨潮启发创作的作品"Surface Tension"，这件作品展现的是河面，动态感应器会实时更新风的数据，而雕塑会根据数据产生变化。①

三、数据艺术的未来发展

科学技术的高速发展促使了数据艺术的出现，可以说数据艺术是一个全学科交叉性的艺术领域，它并不局限于艺术家的创作作品。大数据处理的技术更新为创作者提供了更多更新的材料，也提供了获得材料的更多可能性，创作原料的发展也意味着数据艺术的发展，出现在后现代

---

① 何小青. 电影特效智能制作关键技术及产业化应用 [D]. 上海：上海大学，2018.

主义语境下的数据艺术，对多学科有着包容性，也应该对多种创作手法和表现方式有着更多的探索。虽然数据艺术在视觉表现上优势突出，但不应将数据艺术限制在可视化的范围内。为避免出现作品的单一性，也为避免未来数据艺术与可视化含混不清的情况持续，数据艺术作品应该继续在展示多感官多维度的设计中尝试。数据本身的特征以及数据艺术作品自身的生命力和文化特性需要得到更丰富的表达。

随着数字媒体艺术的发展，审美表现的场景化趋势越来越明显，场景化是影视艺术创作的一种探索，以期将影像魅力转化成为一种独特文化，增强影视艺术对大众的吸引力。新媒体时代，影视艺术创作必须重塑场景和人的链接，引领全新的生活方式，影视艺术创作者可以在生活中对相应场景进行观察，在以艺术的形式表现场景时，将矛盾放大，将人物关系更加清晰地展现在作品中，真正体现出"艺术源于生活，且高于生活"。影视艺术创作更加注重还原文化景观中的细节，通过场景将文化升华并传播，表现影视艺术的创新性。"身临其境"是对沉浸式审美体验最好的诠释，是审美体验的最高境界，同时沉浸式审美体验可以借助多种视觉处理和声音效果技术充分调动观众的情感，给观众带来强烈的感官冲击，以及意想不到的观看感受。

第三章　新媒体时代的影视作品与受众特点

电影市场需求具有一次性和体验性的特性，从消费者在选择电影的时候往往会跟从周边人的评价可知，消费者之间的社会网络会影响市场结构。本章的主要目的是运用"基于代理模型"（Agent-Based Model），针对电影市场中的消费者行为及动态建立模型，在信息和通信技术发达的前提下，把消费者群体和有限理性（特定条件）的消费者作为假设对象，重现真实的电影市场特性。随着通信技术快速发展，网络任意度随之扩大，电影的平均上映时间缩短，同期上映的电影数量减少，市场集中度提高。这种变化对消费者观看电影的质量提高带来了积极影响，但对电影的多样化却带来消极影响。

本章运用"基于代理模型"，建立电影市场的行为者基础模型，利用发达的信息情报技术，挖掘消费者网络的变化对电影市场产生的影响。电影、图书、唱片、游戏等文化商品，可以从两个侧面区别于其他商品。① 第一是购买需求的一次性。这里所说的一次性不是购买一种耐用品后长时间无须再购买的意思，而是电影、图书等类文化商品虽然会被频繁地购买，但是看过的基本不会再购买，而是转去消费新的文化产

---

① 何小青. 电影特效智能制作关键技术及产业化应用［D］. 上海：上海大学，2018.

品，所以市场会不断上映新电影。第二是文化商品具有体验性。因为文化商品的质量在亲自感受前是不可能完全掌握的。文化商品中的音乐和游戏，会由卖家提供给消费者售前体验服务，消费者也会在购买后反复使用，因此体验性对消费者产生的影响不大。然而电影则不同，电影具有非常强的一次性消费特性，生产者不可能对消费者提供长时间的试看服务。消费者在观看电影前很难知道其真实质量是否符合预期。这时，消费者会参考已经看过电影的人的评论、导演或者演员们的知名度以及影评家的影评。所以电影市场比起其他文化产品市场都更重视信息传播机制。

关于商品体验性和一次性消费的静态性和动态性的研究，重点内容集中于定价与合约上。对于文化商品，还有在市场初期阶段登场的商品的质量，消费者是一无所知的，随着时间推移才逐渐地对它们有了一定的了解。也可以说此类商品和文化商品都具有体验型产品的特性。一种刚进入市场的商品，当消费者对它还不了解的时候，最佳战略是将其高价定位之后再逐步降价。但是电影不仅具有体验性，还存在体验的极度限制性和消费的一次性。消费者对于不断上映的电影质量是一无所知的。

因为电影既是体验型产品也是一次性消费产品，消费者不清楚电影的质量，供应商也不知道票房如何，在这种情况下，供应商为了利益最大化对所有电影实行统一定价策略。到现在为止，研究者们只是主要研究电影市场的定价，而本文探讨的是市场结构怎样决定电影的上映时间。之前的研究者们有的忽略了信息传播途径，或者仅仅假设信息传播途径是一个定值。而本文将证明市场形成过程和消费者之间信息传播途径的复杂网络有明显的依赖性。

电影作为一次性的体验型产品，有其对应的生命周期。当一部电影初次与大家见面时，消费者无法完全了解这部电影的质量，但是随着时间推移，从看过电影的观众那里可以得到相关信息，那么评价高的电影观看人数会逐渐增长，相反，评价低的电影观看人数就会越来越少。电影是一次性消费产品，就算再受欢迎的电影也会随着时间推移最终退出市场，但通过比较观察，电影评价高其上映时间也会随之延长。① 事实上，在 2000 年，De Vany 和 Walls（1997）对美国市场做过调查分析，凡是票房成功的电影，它们的上映时间都比较长。

在电影市场中，有种力量在支配着电影数量的增减。新的电影会随着制作数量的增加而增加，而消费者已经看过的电影会渐渐退出市场。随着电影的不断增减，电影市场中上映的电影数维持稳定，我们称之为均衡状态。Arthur（1994）则指出，人是有限理性的，复杂情况下，这种"均衡"会被打破，市场上电影的数量会不断地变化。此时电影数量不会大幅度地萎缩，却也不会大爆发式增长。通过观察，它是处在一个稳定的并不断变化活动的动态模式。这种现象可以用 Dosi 和 Orsenigo 提出的"稳定动态"来解释，这种模式和我们在实际的电影市场中观察到的没有什么区别。假设消费者网络内的观众个体是有限理性的，运用"基于代理模型"再现电影市场的特征。这里需要注重的部分是口碑的影响力。在看电影之前，听取周边人的意见是很普遍的事情。问的人多了，关于电影的信息知道得就越多。但是，由于消费者认识的朋友数量有限，所以只能根据有限的信息对电影进行选择。那么，消费者网络个体之间是怎样建立起关系的，就变得尤为重要了。一个消费者有多少朋友，和朋友之间用什么方式联系起来的，这些都将直接影响电影市场的动态。

————————

① 黄诗娴. 韩国热播电视剧跨文化传播研究［J］. 传媒论坛，2020，3（19）：117.

在现实生活当中，消费人群的关系网非常复杂，随着计算机技术迅速发展，关于复杂社会网络的研究也活跃起来，并且对研究结果的自然和社会现象的说明也大量增加。在本文中，特别对现实中的人际关系，即人与人之间关系的距离短而聚集度高这个现象进行了说明。Watts 和 Stogatz（1998）提出了"小世界网络"（small world network）这个概念。据其观察，人际网的任意度扩大，即朋友之间（人际关系）就会脱离理性、社会性的制约。人际关系越广，人与人的距离越短，信息的传播速度就越快。人际网的任意度只要一增加，距离就会明显缩短。哪怕增加一点点，在现实当中也可以感觉到人与人之间关系的距离缩短了。如果在人际网中，人与人之间的关系距离足够短，也就暗示着信息的传播速度不会更快了。在电影市场模型里，当网络的任意度变大时，信息的传播速度不会高速增长。但是在现实世界里，网络速度的增加，同时也会快速提高信息传播速度。

人类社会网络非常复杂，在电影市场里，一部新电影问世之后，消费者对这部电影的了解十分有限。这种情况下，先假设消费者的行为是理性的，再想要找到一个特定的均衡点是很困难的，在现实中也是不可能的。在复杂网络情况下，主流研究通常使用归纳法推断将来各种可能的结果，推断问题的各种可能解。①

本章通过建立电影市场的"基于代理模型"，对 20 世纪 90 年代末以后电影市场的变化原因进行假设。20 世纪 90 年代末以后，电影的上映时间逐渐变短，同时平均上映的电影数量也在减少。观众只对几部流

---

① "基于代理模型"是模拟行为者的运动行为，通过计算机模拟实验，探究行为者的行为对整体系统会产生什么样的结果。近年来，"基于代理模型"在经济学领域被广泛运用。"基于代理模型"的相关说明，以及其有限理性和复杂性，还有"基于代理模型"的关系等请参考 Yoon 和 Lee 的相关研究。

行的大片感兴趣的行为模式，对电影市场多元化发展产生了极大的消极影响。这些变化的原因有：多功能影院蓬勃发展、附加版权市场扩大以及市场营销方式转变等。除此之外，"基于代理模型"还表明，信息情报技术发达、消费者之间关系网络的变化也是其中的因素。

随着情报通信技术的发展，消费者的社会性关系已经不受地理、社会性的制约，从而使信息得到快速传播。虽然社会网络的变化不会对信息的传播速度产生大的影响，但是通过本模型可以发现，社会网络的变化对电影市场的信息传播速度产生了非常大的影响。20 世纪 90 年代末之后信息传播速度加快，电影市场出现了变化。那么从福利经济学角度出发看电影市场变化，有什么意义呢？调查的结果显示，这种变化使信息的流通速度加快，优点是消费者能够看到高品质的电影，缺点是消费者对电影种类的选择机会变少了。

第一节　互联网时期的小众消费

本章模型里使用的消费者网络是从"巨大网络"（Large Network）理论中衍生出来的，也就是 Watts 和 Strogatz（1989）所说的"小世界网络"。巨大网络理论可能对于大多数的经济学家、社会科学家来说比较陌生，在这里将引用 Watts 和 Strogatz（1989）的研究，简单概括如下：当两个人第一次见面的时候，如果他们之间有共同认识的人，大家会说"这个世界真小啊"。实际上，地球上的所有人只要通过六条线就能建立联系，数学家 Erdos 的理论已经证明这个观点。我们称之为"六度分割理论（six degree of separation）"。如此看来，每一个人只要认识 24 个人，就能在 6 步内，将 60 亿地球人连接起来。换句话说，与全世界相比，一个人的社交圈尽管很小，但是整体性的社交距离却比较短。

在数学图论中，把人抽象成点，人与人之间的关系抽象成边（link），一个集体的所有对象组成一张图表，点与点之间的连接完全是随机的。随机网络是指点和点之间毫无目的地连接在一起。里面的每个点任意地由六条线连接起来，组成了随机网络。① 随机网络能从数学角度清楚地说明人与人之间的关系距离是很短的。Watts 和 Strogatz（1998）认为，在实际情境中随机网络有很大的缺点。在现实当中，我的朋友的朋友常常还是我的朋友，这是因为人与人之间关系的集聚程度是比较高的。但是随机网络所有的线是任意连接的，聚集度就差了很多。现实中能表现出聚集度的网络是规则网络（regular network）。在规则网络里，所有的线只和最近的人连接在一起。虽然规则网络能准确地表现聚集度，但是人们之间的关系距离变得疏远了。

随着计算机与互联网蓬勃发展，比起大众消费群体，较为复杂的小众消费群体更容易介入。这种小众消费群体在新媒体的发展空间里，我们也可以称之为"复杂网络"。复杂网络是指各点和线用非常简单的方式构成起来，但是整个网络的性质，即各个点和线之间的连接方式，无法辨别是何种网络。因此，为了了解复杂网络的本质，需要电脑模拟试验。

首先来了解一下聚集度（cliqueness）和关系距离（distance）的定义。关系距离是指两点之间的最短距离，定义聚集度比距离相对复杂。Watts 和 Strogatz（1998）在研究两个极端网络的中间过渡阶段时，引入重连概率（rewiring probability）。在规则网络里，所有的线根据一定的概率重新随意连接。如果重连概率为 0 的话，它就是规则网络，如果重

———————

① 在巨大网络（large network）中，与整体相比一个点所连接的线的数量是很少的，这里为了帮助理解，选取少量的点进行研究。

连概率为 1 的话，就是随机网络。我们应该注意的是概率在 1 和 0 之间时的网络形态。Watts 和 Strogatz（1998）在小众互联网环境里，模拟了疾病传染速度的动态变化。根据这个动态模拟，即使在随意度非常小的范围内，疾病也能以非常快的速度传播开来。①

第二节　电影的生命周期和市场动态的稳定性

模型初期假设有五个电影正在上映，每期制作出一部新电影。电影在制作期间，已经有了固定的内在质量。电影上映前，从均匀分布的电影中抽样，把电影的质量分别设定为从 0 到 10 的实数。消费者在看电影之前是不知道电影的内在质量的。为确定模型的准确性，我们假设电影没有题材区分。电影本身的质量是唯一决定性因素。这个假设也有可能会出现一些偏差，会在最后的结论部分重新讨论。简单假设电影都在一个剧场上映，并且影院有能力为所有消费者提供座位，消费者可以观看自己喜爱的电影。

因为在上映初期，消费者对电影的质量还不了解，电影的上座率与电影的质量正相比可能会出现较大的偏差。因此，直到第 2 期电影上映之前，不管上座率是多少，影院是不会让电影下线的。从第 3 期开始，如果上座率达不到一定数值（电影观看量的 4%），影院就会对电影做出下线处理。

---

① 这里的消费者网络，虽然和 Watts 与 Strogatz（1998）的"小世界网络"理论一样，但是通过模拟发现，消费者观影行为随着网络信息内容的改变，也发生了很大的变化。

　　假设在市场里有 N 个消费者。① 消费者如同"小世界网络",分布在一个圆形里面,每个消费者都有 k 名朋友。假设这个"小世界网络"里,重连概率值 p=0.1,消费者不是每期都要看电影,而是根据每期的概率,选择看哪期的电影。假设消费者看电影的概率是相同的,通常概率不变。消费者不必考虑价格因素,根据既定概率决定是否看这部电影。因此,在这个模型里面,在价格因素不起作用的条件下,创造出看电影的消费者在给出的电影中做什么选择的动态关系。

　　假设消费者从电影里得到的效用和电影内在品质成正比,为了讨论的简单化,假设不考虑网络以外的消费者异议;消费者会追求高效用,选择上映电影中质量最高的电影;消费者不再选择已经看过的电影;看电影之前无法预知电影的质量,只有通过朋友得到相关电影的信息,所以消费者经常询问朋友后才选择看哪部电影。看过电影的人,会写下对电影的评价,回复别人的疑问。因此消费者会选择看质量最好的电影。但是由于有限合理性和沟通有误等因素,消费者不可能绝对依靠从朋友那儿得到的信息。消费者 i 根据下面的优质函数(merit function)来选择电影。

$$m_i^j = \frac{q_j^\alpha}{\sum_{v \in M} q_v^\alpha}$$

　　m_i^j 是指消费者 i 在看电影 j 的时候赋予的价值。q_v 是指上面提过的按既定概率分配的电影 v 的内在质量,消费者对没有看过的电影的内在

---

① "小世界网络"属于网络体系中的巨大网络。在巨大网络中,连接作用的线的数量比点的数量少得多。现实生活里,人际关系可以称作巨大网络,是有"小世界网络"的特性的巨大网络。本论文运用基本的巨大网络作为实验对象,消费者的数量各是 1000 名、5000 名、10000 名等不同变量,结果是哪怕在消费者的数量足够大的情况下,各个结果是一致的。为模型简洁,可先假设消费者的数量一直是相同的。事实上,电影市场中的观众数量比假设的多几亿名。

质量是不知道的，已经看过的电影因为不在选择的范围之内，所以无法知道 q_v，所以 q_v 反映的是消费者从其他消费者那里得到的电影信息。所以这里的优质函数（merit function），指现在正上映的电影的内在质量总和与电影 j 的相对性内在质量之间的比例。

上文说过的消费者因为限制性、合理性和沟通时候出现的一些误解，不一定会选择 merit 价值最高的电影。本模型里各个电影的 merit 的值就是电影被选择观看的概率，即哪个电影的 merit 的数值越高，被选中的概率就越大。消费者周边的朋友们不可能看过所有电影，所以该消费者不可能掌握所有电影的信息，也不可能知道内在质量的分布。在这个模型里面，如果没有这部电影的任何信息，我们会假设消费者主观将这部电影的质量设定为 1。① 这样的话，消费者选择一部一无所知的电影概率高于一部已知质量差的电影。接下来我们对模型进行模拟实验，分析结果。② 在模拟中使用的参数数据会在附录中出现。③

首先让我们设想一部电影的观看人数是怎么变化的。一部电影在刚开始上映的时候，消费者会认为这部电影的质量为 1，刚开始会有少数人看这部电影。如果电影的质量非常差，消费者慢慢知道这个事实以后，观看人数会越来越少。虽然在上映的前两期，不会马上下线，但是如果到了第二期的时候，市场占有率还没有达到 4% 的话，这部电影就会下线。

当然，如果一部电影在初期成功打入市场，它的高品质会慢慢被人们所知，会有越来越多的人看这部电影。那么这部电影未来将被两种力

---

① 如果不这样假设，就不会有选择新电影的消费者，所以这个假设是非常核心性的假设。

② 本模型使用了 Java JDK 1.6.0 进行编程，程序开发时运用了 NetBeans IDE 7.0.1。

③ "基于代理模型"的其中一个缺点就是由于参数的范围太广，不可能一一求证，只能对可以产生有价值的结果的任意参数值进行试验。

量支配。如果看的人多，就会有更多的人知道这部电影，下一期上映就会有很多人追捧。同时，由于电影是一次性商品，这也意味着随着时间推移，最后看这部电影的人会逐渐减少。新电影上市而这部电影就会下线。正在上映中的电影数量越多，越会降低每部电影被选择的概率。每部电影都要经历一个从上映到下线的循环过程。从市场组织的侧面来看，电影市场同时适用于集中化（centralize）机制和分散（decentralize）机制。集中制就是前面说过的大量反馈。看电影的观众越多，那么就确保了下一期的高票房。集中化的同时，也会很快变成分散化。因为看过的电影不会再看第二遍，所以消费观众越多的同时，未来观看的观众数就越少。即新电影进入市场的同时，也促进分散化的发展。简言之，集中化和分散化这两种力量在维持市场的稳定。

第三节　互联网时期的影视受众

随着信息通信技术的发展，一方面，消费者脱离地理限制；另一方面，网络通过虚拟空间缩短了我们和陌生人的距离。由此可见，网络的任意度在增大。① 这一节将要讨论的是网络任意度增加对电影产业产生的影响。

新电影刚上映时只能被少部分消费者选中。这部分信息是否能够快速扩散出去将影响电影市场走向。首先，如果信息能快速扩散的话，那么质量好的电影就能快速地被消费者接受。其次，消费者看的速度越

---

① 情报通信技术发达不仅使网络任意度增加而且使每个人的朋友数量增多了。尽管没有表现出这一点，但是本文可以确定朋友数量增多和网络任意度增加是有相同效果的。

快，市场饱和度越高，电影下线速度也会越快。换句话说，信息的传播速度越快，短时间内有更多的观众来看，电影也消失得快。从市场的集中程度面来看，我们可以推测出信息传播速度越快，市场集中度越高。相反，在短时间内占领市场的电影，也会很快地退出市场，这时市场分散性变高，后又会被新上映的电影取代。这样我们可以预想，信息传播速度越快，市场的平均集中程度就越高。市场上映的电影的数量越多，电影的周期循环就越短。

根据 Watts and Stroagatz 观点（1998），即使重连概率只有 0.01，消费者网络的平均距离，也会比重连概率为 0 的时候减少到十分之一以下。如果将电影市场的信息传播速度与网络平均距离进行对比，那么发达的信息技术不会对电影市场动态造成太大的影响。信息通信技术改革之前，重连概率即使只有 0.01，信息的传播速度也非常快，与之相比，即使重连概率越来越高，信息传播增加的速度也是微乎其微的。但是，本文模拟试验的结果却是不同的。

信息通信技术的发达会对电影市场的动态造成什么影响呢？让重连概率波动，可以得到多种不同的市场指标。电影的平均上映天数是指对已经制作好的电影需要上映多少天进行的计算。当重连概率变大，可以清楚地看到上映天数在减少。

重连概率越大，电影的平均上映天数越少，这个结果和之前预测的正好吻合。但是如果平均上映天数减少的速度和关系距离一样，可能会出现之前所说的信息传播技术发达程度对电影市场的影响微乎其微的情况。平均上映天数减少的速度与关系距离相比，与聚集度的模拟图类似。例如，重连概率从 0.0001 往 0.1 上升的时候，平均上映天数从 11.2 到 10.3 再到 0.9 一直在减少。设定重连概率上升到 0.2 时，上映天数从 9.9，减少到 1.2。结论是信息情报技术发达，可以减少实际的电影平均上映天数。消费者看过的电影是不会再看的，质量高的电影也会退出市场，这和市场垄断是不同的。电影的交替周期变快，消费者聚集在质量好的电影上说明了赫芬达尔指数越高，市场的竞争越激烈。

第四节 数字媒体艺术带来的受众福利

在这里，我们主要讨论一下信息情报技术的发达，即重连概率的增加会给消费者带来怎样的后续影响。在这个模型里面，消费者对电影没有特殊的偏好。即消费者喜爱所有质量好的电影。在实际看过电影的观众中，看质量高的电影的观众，比看质量低的电影的人数多，观众们看过的电影的平均质量是比较高的。由此我们可以看出重连概率越高，消费者们越喜欢质量高的电影。

重连概率变大是由于信息的传播速度变快。随着信息通信技术的发展，会出现电影的上映时间缩短、在一段时间内上映的电影的数量变少、市场集中度增加等现象，但是观众们看的电影质量反而得到提高，所以不必过于担心负面影响。在这个模型的福利经济学的讨论中，有一个局限性，那就是没有导入"消费者异质性"。消费者喜好的不同是文化商品的一大特征。根据模拟结果显示，重连概率变大的同时，上映电影的数量在减少，如果消费者异质性很大，消费者的选择性减少，会对"消费者效用"（Consumer's Utility）带来不好的影响。因为消费者想看电影的时候，在上映的电影中自己喜欢看的越来越少。特别是电影发烧友，因为电影上映数量减少而受到冲击的可能性很大。所以，随着信息通信技术的发展，信息传播速度加快，虽然电影效用增加了，但是电影多样性的减少限制了消费者的选择范围。现在的模型里不能表现出选择范围受限的效果。消费者喜好不同以及电影种类也不同的课题，留在以后继续研究。

在本章里面，通过有限理性消费者在"小世界网络"世界里的相互作用，运用"基于代理模型"，成功再现了电影市场的动态。通过模拟实验得到的结果是，一方面，电影观看人数逐渐增加，到达最高点后又减少，最后退出市场；另一方面，在电影市场中，电影不断地上映下线，才使得电影数量的变化保持在一个稳定的状态。

以这个模型为基础，我们假设信息通信技术发达、网络任意度增加，探究信息通信技术的发展对电影市场产生的影响。我们发现网络任意度增加，导致了电影的平均上映时间变短、同时上映的电影数量减少、市场集中度提高的结果。当关系性距离不同，即使重连概率的值是0.01，持续增长的话，电影市场会一直往好的方向发展。在现实当中，信息通信技术的发展，的确会使电影市场产生这种变化。以消费者福利的维度来看，对消费者观看的电影平均质量的提高起到了积极作用。

最后讨论本论文模型的局限性和今后的研究方向：

第一，假设消费者之间没有任何异质性，电影的题材也可以忽视，区别在于电影的质量参差不齐。虽然这种假设很大胆，在保证模型准确性的前提下，将其最简化是为了更好地验证论点。本章是以相同特性的消费者和相同题材的电影为假设对象，在设定的模型里进行模拟解析，这种假设是合理化的。当然假设消费者和电影有异质性，会更真实，要探讨的内容也更丰富。但如果假设有异质性，网络的任意度增加，引起一些消极变化的可能性也会比较大。因为消费者看电影的时候，可以选择的电影数量就减少了。电影的数量越多，自己偏好的电影数量也越多，并且如果导入异质性概念，信息传播量就会加大，所以任意度增加会对市场的结构造成更大的影响。

第二，电影产业里，虽然消费者网络中关系性距离很重要，但是地理性距离同样也重要。在现实中，消费者地理位置分布广泛，而电影院也是如此。消费者不喜欢去远的电影院看电影。有的消费者甚至会去最近的电影院，从正在上映的电影中选出自己最喜欢的电影观看。从这一点来看，地理分布确实很重要。和这个问题有重要关系的就是多功能影院的出现。多功能影院引进后，消费者观看电影可以更亲近，选择更多样化。但是，也有很多人认为多功能影院的出现妨碍了电影多样性的发展。自从消费者网络的"地理距离"导入，讨论投放多功能影院的影响，就变得十分有意义。

第三，电影市场的变化不光是多功能影院的出现，还有大范围上映的市场营销方式的变化，以及附加版权市场扩大等因素。因为特别的市场营销方式，导致和本文模拟结果不一样，出现了第一周的电影观看人数反而比以后的观看人数多的情况。本文的模拟结果是，一部电影在市场初期的观众数较少，听到口碑不错，观看人数逐渐增加。后续研究会在市场营销方式的变化以及市场营销方法的不同程度这些方面展开。

第四，随着通信技术的发展，消费者突破了地理性以及社会性障碍，就可以增加网络任意度。但是信息通信技术发展，也包括了任意度以外的指标增加。上文提到的朋友数量增加就是一方面。互联网快速发展，会促使消费者网络转变成星型网络（star network）。"小网络世界"就充分地说明这一点，缺点是要求所有人的朋友数量是相同的。在现实当中，有的人朋友多，有的人朋友少，网络的任意度描述的是小网络世界，而星型网络重点是朋友的数量分布。在互联网蓬勃发展的背景下，例如有影响力的博主，它会使朋友的数量分布呈现两极化。这种变化肯定会对信息传播有很大影响。本章主要对小网络世界的任意度进行集中研究，探究朋友的数量分布会造成什么样的影响、任意度和朋友的数量分布的相互作用是什么，并作为以后的研究方向。

　　第五，电影市场里，消费者网络构成的重要因素是需求的一次性和体验性。音乐、游戏、图书等文化商品，还有电脑软件等商品中都有着同样的性质。音乐、游戏、软件不同于电影，它们被购买后可以反复使用，卖家免费让消费者对产品进行体验，提供体验服务对消费者的选择造成的影响也不是很大。但是图书和电影这类商品，它们都兼具一次性产品和体验性产品的特性。所以本章的模型，不仅适用于电影，也适用于带有一次性和体验性产品特性的其他文化产品。更进一步说，大部分的商品，虽然不是一次性产品，但如今网购是大势所趋，网上销售的商品和电影一样具有体验型产品的特性，消费者会通过口碑或者网评进行判断。因此，由商品而组成的消费者网络会对市场造成巨大的影响。所以，消费者网络和不同商品的市场结构会成为以后的研究方向。

　　未来文化产业会成为重要的战略产业，在本论文中，对政策性含义的讨论是十分不足的。信息传播方式和市场结构的变化对产业竞争力会造成很大的影响，这个需要在今后的研究中进行具体分析。

第四章　传统文化浸润下的中韩影视题材

在社会核心价值观和影视艺术互增影响、共同发展的环境下，很多国家都致力于把国家的核心价值观同影视的现代化发展结合起来。韩国是目前世界上，与我国文化背景相似度最高且儒家文化保留较多的一个国家。儒家文化的核心精神和价值观深深地扎根于韩国的每个家庭中，韩国电影的题材以及风格都带有浓浓的儒家韵味。为什么植根于中国固有价值系统的儒家文化，却没有在我国影视作品中得到更好的继承与发展？在此，找出韩国电影在儒家文化的表达方面的特殊之处，学习并借鉴，将有助于促进我国电影事业实现质的飞跃。

在文化竞争日益激烈的全球环境下，我国坚持以提高国家"文化软实力"为重点，更好地构筑中国力量。影视作为文化软实力的重要载体，在塑造国家形象及传达文化价值观上起着不可忽视的作用。以韩国影视业比照我国电影产业的发展，可以更好地了解我国影视的发展动态，跳出自己固有的文化输出方式和传播模式，把握当下国人对于影视的心理诉求，不断推动我国影视的发展，提升我国影视的国际影响力和文化自信。

第一节　儒家文化浸润下韩国影视社会核心价值观

当今社会，影视艺术作为一种集政治、经济、文化三位一体的创意产业，可以清晰展现出一个国家乃至一个民族的社会风貌、历史价值以及人文风情。① 中韩两国同属东亚国家，在文化背景和历史渊源上不同程度地受到儒家思想的熏陶，在影视作品的类型及文化的内涵方面存在着很多的相似之处，加上文化根基的同源性和相似性为影视实现跨地域传播提供了有效的途径，在一定程度上也更能得到观众的心理认同。本文以儒家文化在韩国影视中的应用为切入点，梳理韩国电影是通过什么方式来表现和传播儒家思想的，分析同在儒家文化浸润下，韩国电影在儒家文化的继承和传播方面略胜一筹的根本原因。

一、源远流长的儒家文化

儒学的传入。韩国有着深远的儒家文化底蕴。追根溯源，早在先秦时期，以孔孟为代表的儒家思想体系就传入了古朝鲜，但儒家传统文化真正在朝鲜得以发展是在汉武帝时期。在文景之治休养生息的政策下，我国的国库充裕，人强马壮。雄心壮志的汉武帝为了实现大一统的理想，于公元前 109 年秋，攻打了以朝鲜半岛北部为首的卫氏朝鲜，之后设立了"汉四郡"，开始实施汉文化的传播，也就是儒家文化。

儒学的发展时期。676 年，新罗一统朝鲜半岛，当时的我国正处于"大唐盛世"。大唐与各国之间的往来出现了前所未有的盛况，新罗王

---

① 杨旭霞. 国产电视剧的对外传播路径探析：基于中韩两国电视剧跨文化传播的对比 [J]. 声屏世界，2021（3）：23.

朝也选派留学生到唐朝的太子监学习儒学文化，使得儒学的发展更加迅速和广泛。新罗作为唐朝的附属国，完全采取了当时唐朝的国家管理政策，并且将儒学作为教育和选拔人才的标准。两国一直保持着大规模的文化交流及贸易往来。新罗末期文人崔致远，只身西渡大唐求学，他刻苦学习，进士及第，留在大唐先后担任侍御府内奉、都统巡官等重要职位，十年后回到新罗王朝担任要职，至今传为佳话。

10世纪，高丽王朝代替了新罗王朝，设立了国家最高学府"国之监"和地方教育机构"乡校"，进一步加强了儒家文化的教育和研究活动。在高丽时期，儒家文化和当地的朝鲜文化相结合，渐渐形成了有当地特色的儒文化。高丽王朝后期，程朱理学传入当地并发展起来。高丽时期不仅在政治上实现了统一化，在经济发展上也出现了前所未有的辉煌，当时人们重视孝道和忠君之道，儒家文化得到了更好的发扬与传承。

儒学的繁荣时期。1392年，李氏朝鲜建立，大力扶持和增设公立教育机构，各地的儒家学者也纷纷创办私学，儒家文化成为朝鲜当地的传统文化。李朝时期注重培养"仁爱兼得"和"忠孝两全"的人才。当时，大量印制儒家书籍，建立孔庙，独尊孔子，在祭祀中也将孔子作为神一样进行供奉，儒家文化的地位被建立起来。到李氏朝鲜后期，强调和扩大了"孝"的横向相互关系和应用范围。以"孝"文化为主导的儒家文化成为朝鲜的主流文化，也造就了今天的韩国文化。

我国是儒家文化的集大成者，以孔孟为代表的儒家思想在我国更是绵延传承了五千年，儒家文化的精髓虽融入现代人们的日常生活中，但因为"文化大革命"等因素，而多少呈断裂之态。而作为被传播、被传承的对象，韩国却把儒家的思想变成韩国人生活方式及行为方式中必不可少的因素，这确实是值得我们借鉴和深思的。当今，随着现代化的发展，把文化产业作为拉动经济发展的新动力成为国家奋斗的目标之一。韩国影视在发展中不断挖掘儒家文化的精髓，并借鉴西方的表现方式，开创出了一条具有韩国特色的"韩流"新路线，在世界范围内产生了不可小觑的影响力。

二、儒家文化在韩国电影作品中的体现

表 4-1　展现儒家文化为题材的韩国电影作品

题材	作品
家文化	《与神同行·罪与罚》《与神同行·因与缘》《七号房的礼物》
"爱人"思想	《假如爱有天意》《我爱你》《八月照相馆》
礼节文化	《隐秘而伟大》《我爱你》《小姐》《非常主播》
孝道文化	《七号房的礼物》《与神同行·罪与罚》
天人合一	《釜山行》《汉江怪物》《魔女》
道德伦理观	《熔炉》《素媛》《辩护人》《流感》《出租车司机》

（一）以家庭为核心的"家文化"

在韩国影视中，家庭一直都是一个新意百出的表现元素，以血缘关系为纽带连接起来的"家元素"，是"亲情""爱情"的孕育之地。擅长以家庭的生活情境作为突破口的韩国影视，表现出了人们对和睦、幸福、美好家庭永无止境的美好向往。儒家文化多以与大众日常生活息息相关的家庭和所处的社会环境为载体，使观众在观看影片时能从角色或情节上找到自己在现实生活中的投影，产生情感上的共鸣，获得强烈的戏剧张力和代入感，从而潜移默化地接受渗透着儒家思想的社会核心价值观。即使是在展现宏大的社会背景和主题时，韩国电影也会通过表现对民族传统文化的守护和敬畏，展示儒家人伦关系规范、价值观念在韩

国人心中的地位。

影片《以神同行·罪与罚》是一部以儒家传统文化为题材的电影，涉及韩国社会制度、文化信仰的方方面面。影片以个人家庭为切入点，以整个亚洲各国都熟悉的儒家文化为设计蓝图，将根植于东亚文化的阴间、地狱、阎王、轮回转世等民族信仰元素融入其中，检讨人生前犯下的七种罪恶——谎言、怠惰、不义、背叛、暴力、杀人、天伦，只有全部通过才可以转世投胎。[①] 影片结合当下符合年轻人审美的创意与表现形式，以华丽炫目的特效技术和韩国最擅长的催泪剧情——亲情，充分将儒家传统文化与现代人的价值观融为一体。面对现代社会各种各样复杂的社会问题，是民族主义和伦理道德的召唤，是传统儒家道德思想的回归。[②] 主人公为了救人而死，成为422年来又一位贵人，这种自我牺牲救赎他人的行为，正是儒家"舍己为人"精神的完美诠释。

韩国电影总是以家庭的美好来打动人们的内心，又用最残忍的方式将人们的情感打入谷底。影片《七号房的礼物》塑造了一个家庭该有的样子：爱与包容缺一不可。男主行刑的那天，当女儿数到三却没有看到爸爸跟她扮鬼脸时，她慌张地喊着爸爸。这时，他才真正地意识到，最难做到的是不能陪女儿一起长大。他声嘶力竭地道歉，直击人们内心许久未被触碰的善良与感动。他是一个智商有障碍的父亲，但是他的爱没有因为智力而减少，骨肉分离的场面更是让人泪如泉涌。父母陪伴孩子成长的过程，不就是一场心胸和智慧的远行吗，在对亲情尊重与理解的同时更多给予爱与保护。

韩国电影中所展现的以家庭为基础的"家文化"，非常注重人物情

---

① 张彦. 建设我们的价值观：国际经验和浙江实践：韩国国民核心价值体系的建构及对浙江的启示 [J]. 观察与思考，2012（12）：23.
② 黄诗娴. 韩国热播电视剧跨文化传播研究 [J]. 传媒论坛，2020，3（19）：117-118.

感和人物关系的微妙刻画，将血缘亲情、家庭伦理等人伦关系规范，融合现代生活的审美，并将儒学重归于日常生活。看似最平常不过的人物冲突，根源便是传统文化和现代多元文化之间的冲突，这些矛盾和冲突最后总是在兼顾个人和家庭关系的前提下，以符合人性的方式得到解决，而在这种解决过程中所体现的儒学的智慧、传统文化的魅力让人心悦诚服。

（二）以"仁"为核心的"爱人"思想

"仁"作为人的本性，源于亲子之爱，并将其扩展到人类之爱。儒家"仁"的思想核心是"爱人"，爱人是人本精神的集中体现，是人自身具备的一种优良品质。父母之爱、恋人之爱、夫妻之爱、朋友之爱的"爱人"思想，在韩国电影中被渲染到了极致。如影片《七号房的礼物》《假如爱有天意》《八月照相馆》《我爱你》等，把东方的"爱人"思想和东方人独有的细腻情感融入其中，随着剧情的深入，一点一点地剥开观众的内心，慢慢教观众如何去爱人的同时让人重新寻回那些爱和美好的感受力。

在影片《七号房的礼物》中，"爱人"思想体现在父女之爱和朋友之爱两方面。智商障碍的父亲因偶然被无辜卷入一场杀人案中，死者父亲在世俗偏见和权力的庇护下，把失去爱女的痛苦归结于一个弱势群体，以警察局长的身份草菅人命，蔑视正义和公理。在女儿的安全受到严重威胁的情况下，智障父亲坦然接受死刑的判决来保护自己的女儿。[①] 夕阳西下，爸爸与女儿最终没有成功地乘坐热气球逃跑，他们依旧满怀希望地享受着父女最后的美好时光。情感就像激发人们想象的发酵剂，让观众的想象不断膨胀并沉醉其中，时间好像静止在影片中父女

---

① 张彦. 建设我们的价值观：国际经验和浙江实践：韩国国民核心价值体系的建构及对浙江的启示 [J]. 观察与思考，2012（12）：22-26.

相拥的美好瞬间。

"爱人"的思想还表现为与人为善，一方面是善待自己，另一方面是善待他人。儒家思想体现的不只有家庭成员间的爱，还有推己及人的宽容品质。在影片《七号房的礼物》中，与现实社会的丑恶形成反差的，反而是在监狱里的生活。监狱不仅是实体的媒介，也是真实社会的缩影。讽刺的是，影片反倒通过监狱生活传达给我们感动与正能量，这份感动正是朋友之间的相互关心与相互理解。死刑犯牢房对于一个囚犯来说是一个除棺材之外的终极封闭场所，是桎梏人们身心的地方，但影片却通过一系列桥段呈现给我们不同的社会关系：牢房那些穷凶极恶的犯人，释放了内心深处的情感，让人看到了世界积极向上的一面以及向善的心。

（三）以"礼"为约束的礼节文化

韩国是一个非常注重礼节的国家，影片中不乏体现长幼尊卑、夫妻之间互相尊重、朋友之间充分信任等纯东方式的礼仪，这正是儒家文化中礼节文化的体现。它不是简单的、具体的规范，更像是道德学习和修养方法与道德实践的途径。在韩国，"礼"主要表现在三方面：一是国家的传统节日；二是家庭的礼仪及个人修养；三是礼学和礼节的发展。受礼文化的教育和家庭潜移默化的影响，影视作品中也会自然而然地展现出来。

韩国非常注重传统节日的传承，每年的阴历大年初一，一家人会在一起进行祭祖，所有的成员按照辈分顺序向长辈行礼。年轻人见到街坊邻居家的长辈要行礼，即使是非亲非故，遇到陌生人也会很礼貌地行礼。在影片《釜山行》中，男主因为与妻子争夺女儿的抚养权而大声地喧哗，可是当旁边有行人经过时，他立马降低了分贝，并很礼貌地向对方行礼表示歉意。一些融入韩国日常生活的礼节，如有客人登门拜访时，父母会向客人施礼，紧接着子女按照年龄依次向客人行鞠躬礼。在学校里面，当学生碰到老师时，会鞠躬、问候，站在一旁，等老师先经过之后再走开。在韩国影视中，我们很容易就能从人物日常的举手投足之间找到"礼"的身影。这种埋在骨髓里的儒家"礼"文化，通过言传身教和潜移默化的方式传达到韩国一代又一代人身上，是在社会环境的熏陶下自然而然的一种行为方式。

在韩国重视尊卑有序的社会环境下，礼文化不只表现在对传统礼节的重视上和日常生活的礼节中，还表现在敬语使用上。敬语的使用主要表现在以下几方面：阶层、年龄、地位。当然还表现在亲疏距离上，即纽带关系。受儒家礼文化的制约，成员间的等级不可逾越。我们一般从韩国影视的对话关系中就能大致分辨出他们之间的关系。比如，两个年纪看上去差不多的人，一个人如果说话时使用敬语，那么这两个人很有可能是上下级的关系。敬语在不断被儒家礼文化熏陶的同时也随着时代变迁不断兼收并蓄、注入新的活力，在外来文化的侵蚀下依然具有经久不衰的动力。

（四）以"孝"为基石的孝道文化

韩国政府极为重视孝道文化的弘扬，制定了许多比较完善的法律，以弘扬孝道文化，为孝道文化的传承提供了最坚实的后盾。家庭作为社会的最小缩影，在教育子女尊老敬老这一优良传统上也得到了言传身教的继承，父母在日常生活中就很注重对子女进行基本礼节和行为规范等方面的教育。作为学生接触基础教育的场所，学校不仅开设了与孝文化有关的教育课堂，还会通过各种社会实践，让学生体验孝文化对社会的教化作用。

纵观韩国影视，不难看出，"孝"这一儒家思想在韩国影视中得到了充分的宣扬和体现，是为人处事的行为准则。作为长辈有绝对的权威，家庭的一家之长被视为权威所在，全家人都要听从他的命令或遵照他的意愿。长辈的命令必须严格服从，不得有违。年轻人不得在长辈面前大声喧哗，不然会被视为缺乏教养。

　　孝是儒家思想的核心观念之一，从对亲人的爱到"老吾老以及人之老"，推而广之到他人与社会。"孝"文化在韩国传统文化中一直是一个举足轻重的存在。在《与神同行·罪与罚》中，主人公在阴间各处接受审判，如同被告。影片中，每个冥王充当的是法官的职责，而使者则扮演的是辩护律师的身份，这是对韩国社会法庭、庭审制度的搬演。影片中的特效作为陪衬，不是通过渲染地狱的幽暗恐怖来恐吓观众，更多的是向人们传达一种积极向善的生活态度，从死亡的角度审视生命的可贵，让人向死而生。最终得以转世的决定性因素是儒家文化中的——母慈子孝，孝在影片中是压轴一样的存在，更是整个影片核心中的核心。家庭作为人们日常生活的地方，父母作为孩子的第一位老师，各方面都会对子女的行为有着潜移默化的渗透作用，因此应该为子女做出表率。

　　（五）人与自然"天人合一"的相处法则

　　近年来，随着生态环境的破坏、全球气候的异常，由现代文明所引起的生态危机打破了人与自然之间那种微妙的平衡。导致这种现象产生的根本原因则是"个体中心的倾向"，即人类中心主义的越界。技术的产生满足了人们追求便利的欲望，而过度的个人意志导致了生态危机的蔓延。《周易》将自然视为一个具有生命的生命体，主张"天人合一"，强调自然之间的依存性和包容性。在韩国电影《釜山行》《汉江怪物》中，通过展现人与自然的平衡被打破后产生的灾难性后果来警示人们：自然与人之间的界限不可轻易跨越。这是韩国对于儒家"天人合一"理念的传承与发展。

影片《汉江怪物》所展现的是不同于传统好莱坞式的灾难片，它加入了韩国特有的细腻情感，极具东方色彩。它的精彩之处不是在特效上的表现，而是影片的深度与广度。怪物的诞生绝非偶然，是人们破坏自然环境导致的恶果，是人们打破平衡后的牺牲品。对于阶级关系的描写与隐喻是影片的另一个亮点，这里不再做更多的赘述。"天人合一"讲究人与自然在本质上是相通的，一切人事均应顺乎自然规律，达到人与自然的和谐。

（六）儒家思想的伦理观

伦理思想的核心价值观涵盖了仁、义、礼、信、智五方面，是儒家所重视的本源，它强调道德的社会作用，人懂得羞耻才会自觉地遵守社会的秩序和道德规范，主张道德是治国的根本理念。韩国影视在儒家伦理思想的传承和运用方面可以说是发挥到了极致，如《熔炉》《素媛》《辩护人》《流感》等，这些通过真实事件改编的剧情片，总能引起社会的高度重视，警醒生活在这个社会下的我们道德伦理的重要性。

影片《熔炉》所揭示的社会问题一经播出就受到韩国国家的高度关注，这部被称为改变国家的影片，以嫌疑人的加害事件为出发点，全面展示事件背后受害者家人或者社会群体的反映，使整个影片的叙事立场更加个人化。导演置身于普通的民众当中，对事件加以解析和批判，以个性化的表达直击社会的丑陋和人性的卑劣，告诫广大韩国民众在追求人性解放和个人欲望的同时，必须坚守最基本的社会伦理道德底线。台词"我们一路奋战，不是为了改变世界，而是为了不让世界改变我们"更是打动了无数正在奋力生存下去的人们。

影片《流感》所展现的是几个小人物由于种种原因携手在巨大疫情的洪流中挣扎求生的故事。男主与女主的爱情在巨大的危机面前不仅没有退缩反而变得更加纯粹、珍贵以及无所畏惧，是儒家思想爱人的体现；男主的兄弟为了掩护男主一行人以命相搏是为义。在政府的铁血封锁中，年轻的士兵看到年迈的母亲，放下手中的枪，用身体挡在母亲身前，这一挡是为孝，放下枪不反抗是为忠。这正是儒家思想在其中的体现，而儒家思想能够影响到如此多的人，也是由于它对于人性真善美的具体总结，是人性最美的闪光点，也是人们应该遵从的行为准则。

三、独树一帜的制片模式

从 1903 年《电影放映机》第一次进入韩国到 1999 年姜帝圭执导的电影《生死谍变》上映，《电影振兴法》的第二次修订，彻底废除"审查制度"改为"分级制"，归还市场的主导权和电影的产业自律权，同时将电影列为政府的重点扶持对象，历经近百年风雨洗礼的韩国影视，自此开启了它强势的崛起之路。《生死谍变》不仅超越了好莱坞大片《泰坦尼克号》在本土的票房纪录，还席卷了包括日本、中国等在内的亚洲市场。以这部影片的成功为开端，带有韩国特有文化气息的"韩流"文化成为亚洲乃至全球市场上最成功的文化产业之一，开启了一个跨越国族界限的国际性电影文化市场。

（一）本土化的好莱坞式工业影片

在"文化立国"战略的支撑下，韩国跻身于世界文化产业强国之列。长期对外开放的环境，使韩国深受西方价值观念的影响，进而拍摄了一系列极具好莱坞色彩的特效影片，如《汉江怪物》《流感》《王的男人》《釜山行》《与神同行》等。但是，韩国的特效电影不只是单纯地模仿美国的好莱坞模式，而是针对本国的基本国情和文化背景，运用最成熟、最先进的手段加之易被接受的表现形式来展现独特的文化内涵和无法复制的核心意识，把好莱坞电影进行本土化。

影片《釜山行》所展现给我们的不单单是一部灾难片，就像东野圭吾曾在《白夜行》中写到的那样："世界上有两样东西不能直视，一是太阳，一是人心。"影片通过灾难展现出来更多的一点是，在灾难面前，要秉承儒家最基本的道德观，即仁、义、礼、智、信，符合一个"人"应该具备的道德品质，不然跟行尸走肉一样。另一点就是人与自然要达到"天人合一"的状态，即人与自然要和谐有序发展。随着生态环境被破坏，种种全球环境问题受到越来越多的关注，人们也开始思考，如果我们赖以生存的环境长此以往被破坏下去将会造成什么样的后果，以此警告人们保护环境的重要性。

（二）分级制度下的伦理影片

电影"分级制"的确立使韩国电影百花齐放，拍摄了很多以复杂的政治背景、社会背景为底稿，用影像勾勒的浮世绘本。在这类"伦理"电影中，如《杀人回忆》《雪国列车》《素媛》《辩护人》《出租车司机》等，大都讲述的是有关政治、犯罪、儿童失踪、性侵等社会聚焦的热点问题。事件本身就比较敏感，有很强的冲突性。人们对事件的讨论和理解也具有一定的戏剧性，在揭示社会丑恶力量的面前，借助人的痛苦与无助来展现道德沦丧的社会有多么可怕，从侧面反映出儒家伦理在韩国社会中的影响力是不可动摇的。把儒家伦理精神投射到影片当中，在隐晦地传达儒学的内涵精神的同时，潜移默化地对人民的认知方式和日常行为起到了教化的作用。

如果说《熔炉》是一部改变国家的电影，那么《杀人回忆》则是用一种黑色幽默的方式将对韩国军政府独裁时期的讽刺，隐藏在一个连锁杀人故事背后。一切罪恶与愤懑其实是关于那个年代的。凶手永远选择在雨夜街上空无一人时出来作案，这恰恰是对那个暗无天日年代的绝妙讽刺，更反映出专制统治社会下滋生的腐败现象，从侧面反映出儒家"仁政"思想的必要性。

韩国影视在发展过程中，与时俱进，在融入现代社会特有的文化气息的同时不忘自身的文化传统，把人性、道德、家庭伦理等通过细腻的情节与叙事方式，带给人们以精神洗礼。韩国电影的发展和成就是显而易见的，它把握住了作为一门艺术应有的思想体系与文化内涵，以其独特的魅力在世界舞台上经久不衰。

四、我国电影产业的现状及反思

我国是拥有五千年文化沉淀的泱泱大国，但是世界对我国的总体印象却停留在"智慧而苍老的老人"，归根结底，是我国在文化输出的内容方面表现出明显的"厚古薄今"倾向。我国影视的发展走入了一个误区：一味追求走出国门，注重大制作，大腕云集，使得电影在题材的选择上有意或无意地迎合西方受众的"猎奇"心理，却忽略了我们本身的文化底蕴和我们特有的中华五千年的文化根基；电影导演挥之不去的"奥斯卡情结"；各种为了通过在国际上获奖造成的声势来拉动国内票房的市场行为；以及一部分哗众取宠式的爆米花电影，观众看过之后就会遗忘在记忆的尽头等，文化走出去还有很长一段路要走。

（一）打造"东方式"的文化品牌

韩国电影之所以能在我国产生如此大的传播力和影响力，是因为共同的地理空间和文化渊源产生的文化亲和力，加之韩国文化浸润过欧美文明和现代文化，对观众更有吸引力。最重要的是，我们拥有同样的文化根基——儒家文化，它所倡导的道德标准和核心价值观已经成为最重要的文化输出内涵，在其影视作品中反映的积极向上、奋发图强的精神也更能够让观众产生认同感。

韩国在影视文化输出这方面一直都做得比较完善，不难看出，韩国影视在借鉴外来影视的同时能够把本土文化巧妙融合进电影，形成自己特有的文化品牌。在文化输出的过程中，利用良好的口碑，在外来文化华丽外衣的包装下，宣扬本土核心价值观的影片就这样进入别国的文化市场。以影视产业的发展来推动本土文化在国际上的传播，韩国向我们证明了其可行性。

随着时间的推移，很多人已经厌倦了单纯依靠特效来吸引人眼球的电影，开始怀念中国传统的儒家文化精神对心灵的洗涤。为了彰显出中国影视的文化底蕴，在世界文化之林重新树立东方文明古国的新形象，我们的创作要植根于东方传统的伦理文化理念，弘扬本国的民族精神，构建和谐有序的社会风貌，宣传优秀的民族文化，制作出可以代表中国现代文化与中国传统文化完美结合的影视作品，提升影视的品牌效应。

（二）政府加大对影视文化的扶持力度

文化作为一个民族生存与发展的根基，是一个民族赖以维系的精神纽带，影视作为文化的载体之一，也应该得到重视。在当今各国"文化壁垒"的保护下，政府扶植与认同是影视文化产业发展的重要保证，很多国家都出台了一系列保护本土文化产业的政策，我国也不应例外。

对于影视文化产业的发展，我国首先应该借鉴韩国政府对于影视文化产业的相关政策，其一，建立完善的法律法规，构建良好的产业发展平台，对电影行业的发行与放映进行大规模的减税政策，鼓励国内的企业对电影业进行投资。其二，给予影视文化产业相应的政策与资金的支持，逐步建立起完善且成熟的文化市场体系，设立文化产业振兴基金等。

为了彰显地方的文化魅力，我国应注重对文化遗产的保护，应重新挖掘、振兴具有地方特色的文化遗产、民间艺术、传统工艺等；加强自身的文化建设，通过与外来文化的交流，以"和而不同"的姿态坚持文化的多元化发展。对外来文化应持兼收并蓄的态度，当然不能一味地追求多元化的发展，要注重我国文化市场的保护，提升准入标准。

我国电影自诞生之日起，就被视作一种教育群众的工具。在早期没有市场供求的年代，为了照顾大部分的普通百姓，选取正面的、健康的、积极向上的题材无可厚非。但是随着经济的飞速发展，电影市场也渐渐地发生了翻天覆地的变化，电影除了作为教育工具外，还应该兼具娱乐性和商品性。所以，除了影片制作的融资、发行、宣传等市场运作部分之外，影视艺术应该与商业有序结合，制作出符合市场需求的影片。

借鉴韩国电影文化市场逐级渗透的文化策略，将文化产品的国际市场定位首先放到以海外华人为首的目标受众，同时兼顾亚洲和亚裔的受众群体，再推广至全球。对于文化产品的包装、发行等要适应国际市场的需求。影视演员要提高自身的演技与艺术修养，把我国特有的艺术精髓和顽强精神展现给世界。

在注重文化软实力的今天，影视的独特性及多样性建立在以民族文化为根基的社会核心价值观上。韩国影视的壮大绝不是凭空而起，与其自身的文化根基和国家政策分不开。韩国的影视作品多数以现实生活为切入点，把影视作为民族文化生活展示的平台，影片中随处可见韩国的传统文化元素：温暖的小吃店铺，展示出韩国独特的泡菜和清酒文化。韩国影视剧十分注重在细节上对民族文化及生活特色进行展示，在向世界各地销售文化产品的同时其文化也逐渐为世界所认同。

韩国电影不仅打入了世界电影的潮流中，而且把东方传统文化作为本国商业品牌打造成为亚洲乃至世界的主流。韩国电影的发展和成就是显而易见的，韩国的电影尊重自身的传统文化，并且不断进取，把握住了作为一门艺术应有的内涵和精神。韩国电视剧多走亲情、友情、爱情的情感路线，是最能超越民族和文化界限、被不同文化背景的受众普遍接受的影视题材。从传播学的角度分析，普通人的生活对受众来说具有最高程度上的心理接近性，思想感情上的共鸣往往能够跨越文化阻隔。面对着韩国电影自强不息的气势，作为邻国的我国，拥有更为深厚的东方文化背景，可以从中寻求振兴我国电影产业发展之路的灵感。

第二节　IP 经济主导下的影视作品民族文化的融合

随着新媒体时代的到来与发展，一大批影视作品呈爆发态势涌入市场，其中 IP 改编成为近年来我国最主流的影视作品的生产方式之一。在 IP 现象火热发展的大环境下，IP 影视剧作为大众文化的重要组成部分，亟须提升其文化承载力和文化传播力，增强民族性表达。在此，通过对比中韩两国的 IP 为主导的影视运作方式，探讨出我国 IP 剧的民族文化融合方式与发展方向。

IP（Intellectual Property），直译为"知识产权"，在近年来成为影视产业关注的焦点话题之一。如今，网络上涌现出来的很多影视剧改编自热门网络小说、游戏、影视等已经具备一定成熟度的作品。这种以 IP 为理念进行生产与运营的影视剧创作形式，既可以解决我国缺乏优质原创剧本的问题，又可以利用原著自带的热度为影视剧的传播奠定良好的基础，在市场竞争中有着得天独厚的优势。虽然网络 IP 剧在过去几年中发展势头很猛，看起来潜力无限，但是它存在的弊端也是无法忽视的。

在 IP 改编影视作品领域，日韩两国可以说是经验丰富并且发展成熟。日本以影视类 IP 改编见长，在世界影视行业占据着主导地位，一些优秀作品甚至出口到全球 70 多个国家和地区。日本成为世界上最大的影视作品生产国和输出国。韩国在影视领域同样有着一套与时俱进的生产模式，21世纪初刮起了猛烈的"韩流"浪潮，以韩剧为载体将韩国本土文化传到东亚各国的家家户户。

一、IP与民族文化价值

在2015年上海电影节上，腾讯集团副总裁程武对于IP的内在含义给出了自己的解释：IP是经过市场验证的可以承载人类情感的符号。这一解释首先是强调了IP的"情感"内核，它的社会价值基础就是源于它的情感承载力，并且这种情感不是个人的，而是大众的；其次强调这种符号"经过市场验证"，这也客观说明了IP的商业价值。但是近年来，在IP商业价值的开发过程中，由于资本方急于变现，很多不仅没有增强IP的情感承载力，反而让IP的整体价值出现了透支。

IP并不是一个静态的概念，它具有一定成长性，会在发展过程中与当下流行的文化形式相结合，从而创造出新价值。程武在2011年首次提出了"泛娱乐"的概念，指的是基于互联网和移动互联网的多领域共生，打造明星IP的粉丝经济，这个概念的核心是IP经济，强调IP的产业价值。在经过一段时间的生产实践后，程武在2018年提出了"新文创"这个概念，称"这是面向未来的文化生产与传播方式"，在这里他将IP的文化价值提升到了和产业价值同等重要的地位，核心目的是打造出具有广泛影响力的中国文化符号。可以说，在新文创时代，IP构建被赋予了民族性诉求，这也是当下既符合大众审美又有利于帮助本国文化"走出去"的合理发展方向。

二、韩国IP影视作品的运作方式

影视剧自出现以来一直在大众娱乐生活中占据了很重要的地位，影视剧作品也从一开始单纯的娱乐性、艺术性发展成了一种重要的文化载体，在各个国家和地区之间起到了跨文化交流的桥梁作用，促进不同民族和文化之间的融合。从 1993 年第一部韩剧《嫉妒》亮相央视至今 20 多年，韩国在东亚各国掀起了一阵猛烈的"韩流"，韩剧成为东亚影视剧领域的佼佼者，势不可挡地占领了这个行业的半壁江山。

（一）韩国影视发展的环境因素

在硬环境方面，2018 年韩国人均 GDP3.14 万美元，虽然只有 5000 多万人口，但观影人次高得惊人。电影《鸡不可失》观影人数甚至达到了 1600 多万，大约占韩国人口的 1/3，可以看出人民对影视作品的认可度高、需求强烈。

在软环境方面，韩国政府将包括影视产业在内的文化产业作为国家战略产业，将"培育文化产业"作为一项基本国策。1999 年，韩国政府先后制定了《韩国文化产业发展 5 年计划》和《韩国文化产业发展推进计划》，积极把文化产业作为国家经济的支柱产业来扶持。由于国土面积狭小、人口规模小，韩国政府将目光盯紧海外市场。2004 年，韩国政府将影视产品出口纳入"出口支持对象"，为文化输出提供了制度保障。从 1995 年至今，韩国影视出口额从仅仅 21 万美元飞速上涨到 2 亿美元。在人才培养环节，韩国优秀高校几乎都设有影视编导和表演专业，为影视行业提供了极好的人才储备。

（二）韩国 IP 影视作品的生产方式

韩国影视剧在发展过程中总结出来了一套自己独特的制播方式。从一开始的制播一体、边拍边播，到后来引进的制播分离顺应市场需求，韩国在影视剧生产方式上不断地探索，找到契合当下环境的发展道路，这也为它的经久不衰提供了很好的体系保障。

韩剧最初采用了 PD（Producer、Director）合一的方式，减少内耗，提高效率。制片人既是导演又是制作人，担任了影视剧的策划、剧本创作、影像拍摄、后期包装等工作，是一部影视剧制作的核心领导者和负责人。在普遍的现代化电视剧生产体系中，制片人和导演的分工是截然不同的，但在韩国却达成了统一。究其原因是韩剧制作大部分是由电视台及其下属的制作公司完成的，制作人不需要过多地考虑前期投资融资和后期销售等问题，这样，他们就能把更多的精力投入到制作影片的工作中去，既省去了制作人和导演之间磨合的时间和精力消耗，又在某种程度上保证了作品的艺术性和市场适应性。

虽然韩国制播合一、边拍边播的方式在本国颇有成效，但是随着近年来以中国为代表的海外国家自身影视行业的迅速发展，韩剧的对外传播已经不像最初那样如鱼得水。韩国国土面积小、人口少、国内市场狭窄，他们在努力开发本国市场的同时，必须把目光放到海外市场，中国就是一个非常好的输出点。韩剧最初进入中国市场时，采用的是低价营销策略。21 世纪初期，韩剧每集进口价格远远低于当时的港剧、日剧，由此大量涌入中国市场，提升了在中国的大众关注度。在融媒体兴起之后，韩国高度重视互联网对影视剧发展的影响，将对外传播政策制定得更加宽松，用极低的价格将韩剧输送到中国的各大平台，占领受众群体。在 2010 年左右，还出现了一波中韩合拍热潮。① 当时韩剧在中国的出口受到了很大的限制，一方面是因为中国国内影视剧质量飞速提升，已然具备了一定的竞争力；另一方面是因为我国政策给韩剧带来了很大的限制。为了紧紧抓住中国市场，不少韩国制作方尝试投资中方影视制片组，启用中韩两国艺人，并在中韩两地同时播出。②

---

① 李栋宁. 电影的历程：电影生命周期研究 [M]. 江苏凤凰文艺出版社，2015：45.
② 谢杰，王画眉. "互联网＋"时代韩剧对华传播策略的创新发展 [J]. 编辑之友，2016（9）：103-107.

（三）韩国 IP 影视作品的本土文化承载与传播

1. 题材选择方面

韩国影视剧按照主题风格大致可以分为两种类型：第一种是以凄美爱情为主题的，如《天国的阶梯》《蓝色生死恋》《对不起，我爱你》等，剧情里充斥着各种令人揪心的矛盾冲突，也表达了男女主角对残酷现实的反抗和无奈；第二种类型比较轻快幽默，更偏向家庭喜剧，剧情虽然有些小波折，但结局往往皆大欢喜，常常伴随着经典曲目和标志性台词一起出现，如《浪漫满屋》《搞笑一家人》等。

2. 内在精神方面

在韩国影视作品中，"恨"是一个中心，也是积压在整个民族内心深处的情绪。这种情绪会表现在悲情、疏离、背叛这三方面。韩国地处亚洲东北角，国土面积小，资源短缺，在历史上不断受到邻国的欺压和侵略。受这些因素的影响，韩国人民自然孕育出了独特的民族情感，这在影视作品中得以充分体现。2000 年风靡全亚洲的《蓝色生死恋》是韩国悲情电视剧的代表作品之一，在市场价值和文化传播方面表现得十分优异。这部影片整体为悲剧基调，而造成男女主角不幸的因素全部是不可控的，仿佛是命运开了一个玩笑，但他们却无能为力。这种伤感美学非常容易让观众产生移情作用。涉及生死别离的爱情悲剧也让悲哀看起来更深刻。这些充满着民族性格的韩剧在对外传播过程中自带韩国标签，经过精美的艺术加工，在世界范围内受到了很多认可和喜爱，韩剧 IP 也得以走出国门，被多次重制翻拍。

3. 本土文化融合方式

不仅是本土编剧作品，韩国在引进外来 IP 进行改编的时候也十分注重与本土文化的融合性。日本漫画《花样男子》可以说是亚洲最经典的 IP，被日本、韩国、中国等多个国家多次改编。① 韩剧《花样男子》对剧本进行了不少改造：在背景设定和角色设定上，将漫画中所有的日本高校、日文名称全部改成了韩国当地背景；在剧情走向上，韩剧在男主失忆之后加入了一段第三者插足的戏码，第三者伪装成女主的样子蒙骗失忆的男主角，想要在女主面前夺走她最重要的人。这一段"狗血"剧情完全就是韩国特色和韩国情结，以致后来大陆版《一起来看流星雨》出现相似剧情时，观众都觉得格格不入。② 在表现技法上，韩剧《花样男子》延续韩国一贯的创作手法：精美的布景、时尚的造型、精致的面部柔光、标志的音乐，甚至是每一集结束的节奏点，都充满了韩国特色。韩国改编自中国的 IP《步步惊心·丽》也有相同的特点，它将所有人物搬到了韩国历史当中，就算整体架构是另一个民族的历史，韩剧导演也总是想尽一切办法为它赋予自己国家的内涵，既在韩国本土取得很高的收视率，对中国观众来说，又充满新鲜感。

4. 中国 IP 影视作品的发展现状与未来展望

IP 的核心是知识产权，原本是不常用的法律术语，但在近年来成为影视行业的热点词汇之一。影视行业将 IP 理解为影视剧改编的源点，主要由网络小说、游戏、影视等构成，IP 影视剧就是基于这些源点的二次改编进行创作。③ 影视作品的民族性诉求，简单来说就是将重点放在打造鲜明的民族风格和民族特色上，探究如何在心理层面上满足大众的文化需求。影视作品的民族化呈现主要表现在以下几方面：其一，尊重本民族的历史，展示具有本土特色的自然环境和风土人情；其二，展

---

① 卢焱. 中韩电视剧制作机制差异分析 [J]. 声屏世界，2008（1）：60-61.

② 杨旭霞. 国产电视剧的对外传播路径探析：基于中韩两国电视剧跨文化传播的对比 [J]. 声屏世界，2021（3）：5-8.

③ 董旸. 韩剧攻略：当下韩国电视剧研究 [M]. 北京：中国传媒大学出版社，2009：37.

示民族价值取向，传达人民意愿和民族精神；其三，展示本民族特有的
审美情趣，继承并发扬民族特有的艺术表现技法。

中国国土面积大、人口多，资金流动快、市场广阔，加之综合国力
增强，国家大力扶持文化产业，在这样的国情下，影视剧行业有着很好
的发展空间。2004 年，原新闻出版总署发布了同一部电视剧不能同时
在 4 家以上的卫视频道中播出的规定，这也在一定程度上造成了各个省
级电视台抢占独家播出权的现象。在这种情况下，不少电视台开始尝试
拍摄自制剧以占得先机。2008 年开始，一大批自制 IP 影视剧出现在银
屏上，比如《一起来看流星雨》《丑女无敌》《新还珠格格》，主要题
材有仙侠类、历史类、电竞类等，多改编自网络文学作品。有学者指
出：网络小说和中国传统小说写作与鉴赏一样，存在"史传传统"，粉
丝也对"有史可依"格外在意。其实 IP 影视剧虽然具备文化承载能力
和文化传播优势，但作为文化产品，依旧需要在思想内涵和艺术修养等
方面去考究。好的 IP 影视剧需要在吸收原有 IP 优势的基础上，进行合
理改造，让作品更好地融入本民族文化土壤中。

第三节　神话人物在动画电影中的角色重塑

近年来，中国传统文化复兴逐渐被重视。中国的神话传说中拥有大
量充满传统文化韵味的人物形象，对于这些人物形象的再设计、再创作
一直是中国影视动画的热门。在这种传统人物的再设计中，其传统文化
现代化的问题也随之浮出水面，如何以古代传统故事为基础，塑造与叙

述现代价值观，将古代神话的价值观塑造转变为现代的新神话是一大难题。① 这里选择《姜子牙》与《千年狐》两部电影作为比较，对比中韩在同一问题上的不同处理方式，在差异化中寻找更好的解决方式。

神话是古代朴素的思想教育，通过神话故事的潜移默化实现对整个社会价值的统一，树立文化圈的认同感。这一使命自数字化进程以来，逐渐以影视、动画等形式来承载。由此，新时代的影视作品不仅仅承担着娱乐与经济的作用，同样需要接过神圣的教化使命。而在这其中，对于传统神话形象的再创作，就承担了"去旧还新"的功用。将原本古代神话中的人物情节重塑再利用，将其价值观更换为现代的价值观，实现神话的重生，即新神话的诞生。

随着《哪吒》《白蛇》等动画电影的问世，中国动画电影的产业逐步复兴。其中呈现的诸多作品不得不提及动画电影《姜子牙》，它一上映就受到两极分化的评价。一方面是斩获 16 亿的票房，纷纷感叹中国动画崛起的赞美之声；另一方面则是对于剧情、人物的抨击，认为其贩卖情怀，质量不足。对于《姜子牙》的批评，一方面是因为观众有着因过高期望值而带来的落差感；另一方面是因为《姜子牙》的剧情节奏编排出现了问题，对于传统神话人物形象的再设计陷入了误区。主要角色姜子牙、九尾、小九、申公豹在原作基础上进行了现代化的改编，但这种改编缺少了剧情反馈与升华，反而导致其为改而改。当然，其中也不乏对于传统人物形象的大胆改变，尤其是对于九尾、小九的设定重塑。狐妖形象的转变恰恰体现了新神话构造历程中的去旧迎新的需求，狐狸的形象自曾经的地母神变为妖魔，再变为人的这个历程正是传统价值观到现代价值观转变的体现。

---

① 李炳海. 从九尾狐到狐媚女妖：中国古代的狐图腾与狐意象 [J]. 学术月刊, 1993 (12)：75.

无独有偶，同是东亚文化地带，韩国电影《千年狐》早于 2007 年就曾经探讨和拍摄过狐妖的故事，其中狐妖形象的塑造反映出韩国对于传统文化再塑造的观点。因此，在东亚文化圈内的《姜子牙》与《千年狐》在狐形象塑造中的差异恰恰体现两国在近似而不同的文化背景中对于新神话构造的不同看法。

一、传统文化的现代新神话化的价值观塑造能力

神话在很多人眼里是古人对于自然现象，或是无法理解的事物的解释。其实，神话对于古人并不只是一种迷信，而且是他们的一种思维方式。古希腊人最早将神话视为一种语言表达，是讲述世界起源、文明历史、人文关系的一种手段。很显然，当古人在充斥着神话的环境下长大时，耳濡目染地会将神话带入自己的思维范畴，其思考、创作无意识间被神话深深地影响。① 这种影响一直延续到现代，成为被我们熟知的文化、语境等要素。

在神话学视点下，现代并非没有神话，我们熟知的历史观念是由神话的逻辑所构建出来的，换而言之，塑造了我们的思考逻辑、话语形态的事物就可以被定义为神话。甚至可以说，在现代不能没有神话，我们依旧需要神话来塑造我们的生活意义与价值观念，电视、电影、动画，就是这种价值观的载体。这些伴随现代人成长的事物将价值观与思考方式灌输给现代人，毫无疑问属于现代的新神话。

新神话最早的起源来自德国的浪漫派，克罗伊策曾经探索过新神话塑造的手段——象征与讽喻。通过这两种方式，德国人将原本不属于德国文化的传统、历史中新形成的事物变为自身文化的一部分，将之神话

---

① 魏梦雪. 古典名著类影视剧的改编困境［J］. 中国广播电视学刊，2018（11）：125.

化①。"二战"后德国随着现代化的发展、和平的降临，迅速摒弃了那些曾经造成过巨大伤痕的新神话，其神话作品的进程随之停滞。之后这面大旗被美国所接过。

随着大众媒体的兴起，美国的现代新神话作品逐渐传播并建立起全球性的统治。时值冷战，美国民众对于未来的前景、美国到底何去何从等问题充满着疑问。通过塑造超级英雄这种新神话，来自美国各个阶层的普通人借助科技、自由等符合美国价值观的方式，获得了短暂的从人变为神的能力。通过与超级反派的战斗，体现美国秩序、解答美国问题，从而解决美国民众的心灵危机。这种新神话的构造不仅仅在经济上得到了充足的报酬，同时巩固了美国现代化道路的正确性，维护了其统治的文化根基。② 这种新神话塑造的成功范例经由大众媒体和美国经济渗透传播到了亚洲地区。

韩国正是亚洲首批吸收美国新神话塑造概念的国家，神话化是韩国战后抚平战争伤痕、为国民树立新的生活意义、高速进入战后再建的一种手段。时值第二次世界大战与朝鲜战争结束，传统的儒教体制与思想在日本殖民后被破坏得粉碎，全韩国对于未来处于一种茫然状态。正值此时，美国所带来的西方文化强烈地冲击了当时的韩国，传统的儒教文化已然不再适合现在的韩国，但韩国却未能找到足以支撑国民精神的文化立足点，于是当时的韩国电影以及之后各方面的文艺工作者便开始探寻韩国人内心对自身的迷茫。韩国的新神话塑造与美国的现代神话不同，传统儒教文化的遗留影响了韩国对西方文化的吸收，取而代之的是文化的扬弃与融合。在这其中，诸如白南准等艺术家为了文化融合做出

---

① 诸如个人崇拜、民族主义这些就是被神话化的典型。
② 姚云帆."封神宇宙"的可能性和限度：《哪吒之魔童降世》的"新神话"问题 [J]. 电影评介，2020.

了大量的尝试，反映在电影方面，各种警匪片、爱情片诸如《我脑中的橡皮擦》《孤胆特工》，神话动画片诸如《奥林匹斯星传》《千年狐》等皆是借着现代的外皮讲述儒家文化浸染下的韩国人的精神面貌。从结果上看，韩国人为地塑造出了现代的一个新神话，成功解决了战后文化上的立足点与战后的动荡危机。

在美国及韩国神话重塑的成功案例下，我国在神话角色重塑上吸取了一些经验。《哪吒》作为中国动画电影一部里程碑式的作品，其制作人希望能够塑造犹如漫威宇宙一样的封神宇宙，而《姜子牙》就是这一理想的践行者。

作为拥有五千多年历史的文明古国，中国早已经形成了一套传承有序、被大众认可的文化传统。用这些传统文化作为题材，不仅能够迅速地拉近与观众之间的距离，使得观众能够快速理解内容，同时其拥有的深厚文化底蕴可以作为根基补充和强化电影的思想内核与整体逻辑。在这一点上，同为亚洲文化圈的韩国作为先驱者为我们提供了经验。韩国将传统神话背景与现代故事作为传统儒家文化的载体，架构了传统文化与现代思想的桥梁。

选择神话题材作为"靠山"，不免要承担起相应的责任。韩国神话类电影巩固并传承了韩国的文化。中国的"封神宇宙"也肩负着将中国精神发扬光大、建立起中国文化认同的使命。同时由于选择了传统神话作为根基，还需要对传统神话进行"扬弃"，将古代的、不适应现代的思想文化加以改造，变为现代的、全新的中国新文化。

二、传统文化形象《狐》的演化

（一）《姜子牙》中的传统经典变迁

狐妖形象在亚洲文化圈颇有盛名，无论是中国、韩国、日本，都有着大量的关于"狐狸化人"的逸闻故事。作为传统文化现代化的例子，"狐"形象在现代的重塑能够鲜明地体现出现代文化的特点。动画电影《姜子牙》中的狐妖形象与传统的封神故事不同，其将封神演义固化的九尾狐妲己形象割裂开来，将之分为两个个体——青丘狐首领九尾狐与普通人类少女苏小九。

《姜子牙》的大致剧情是九尾乱世，姜子牙击败九尾，之后处决九尾时发现九尾体内又有无辜元神，因此放走了九尾。这使得姜子牙被惩思过，并遇见了狐族少女小九。因小九与他在九尾体内发现的元神相似，为了找到真相，姜子牙与小九踏上了寻找幽都山的旅程。在旅程中发生了一系列的事情，姜子牙与小九之间的感情也越发深厚。他们发现九尾未死，九尾用宿命锁将自己的性命与小九相联系。为了解除联系拯救小九，姜子牙去寻求师尊的帮助，结果发现这一切全是师尊的计划。师尊策划了人妖大战帮助九尾绑上宿命锁，但也告诉了姜子牙想要救小九就必须将她送入归墟。这其实也是师尊的阴谋，归墟其实是关押狐族的监狱，师尊将姜子牙与九尾骗到此处正是为了一网打尽。在危急关头，姜子牙终于悟到了真理，从而爆发出了潜藏的力量，击败了师尊和九尾，摧毁了通天梯，斩断了神对人的控制。之后师尊也被鸿钧惩罚，天下重新回归太平。

众所周知，《姜子牙》中的人物形象和故事取自明代古典神魔小说《封神演义》。《封神演义》又脱胎于元代的《武王伐纣平话》（又名《吕望兴周》）。《封神演义》最值得称道的一点就是将《武王伐纣平话》中依托于《史记》的、偏向史实的剧本加以再创作，添加进神魔异怪，建立起了独特的神仙体系。历史上最为重要的有关于妲己的描述都是在武王伐纣这一历史时期发生的。纣王残暴，宠幸妲己使得百姓流离失所，武王姬发在姜子牙的辅佐下击败纣王建立周朝，已经是众所周知的历史故事。但近几年，武王伐纣的历史有了新的解析，有关帝辛的史料渐渐被发掘出来，考证到帝辛也许并非暴君，而这可能会证实武王伐纣的非正义性。在古代，基于统治者的意愿，历史文献被编撰成了正义战胜邪恶的正义战争。①

姜子牙与妲己的形象在《武王伐纣平话》时初步定形了。同样《封神演义》以及之后的《封神榜传奇》，对妲己的记录也有着诸多版本，大致的说法有：在《国语》中谈到，妲己是有苏部落的酋长之女，为了和平被献给纣王；其他史书对于纣王纳妲己为妾的时间记载不详，唯一可以确认的是妲己是纣王的战利品。而后在史书中妲己被赋予了亡国妖女的形象（如《列女传卷七孽嬖传》中记载：妲己配纣，惑乱是修，纣既无道，又重相谬，指笑炮炙，谏士剖囚，遂败牧野，反商为周），在此时妲己还只是凡人。妲己形象大多以戏剧、说书等形式在民间流传，主要由元代的《武王伐纣平话》定性——在当时被定性为祸国殃民的女子，但其行为和台词皆是以《史记》中的人物形象为蓝本，并未大幅涉及神怪要素。

而后经过《封神演义》的改编，这一点被大幅改变了：元代以后，明代经过《九龙柱》《列国志传》等新编，故事中加入了神怪元素。而在《封神演义》中大量地加入神怪、二教斗争以及宋元以来民间传唱的诸如哪吒、杨戬、土行孙、四大天王等种种要素，使得从一开始的历史演义变为神怪小说。而这种演变带来的就是神怪人物与非神怪人物的设定演变，神怪人物自不必说，三教精英、仙人妖怪各色法宝齐出，书中的笔墨也大多放在这些神怪人物的斗争描写上。但实际意义上，这些人物的功能却不重要，其承担的是以点概面的描写方式，用神怪人物的

---

① 黄景春，穆劲伊.《封神演义》人物的分类研究［J］. 韶关学院学报，2011，32（5）：43-46.

争斗来代表整体的战争局势变化与重大转折。而整体推动故事发展的主人公反而是那些非神话角色，在这其中为了联系起神怪人物与非神怪人物，一部分的角色定位被模糊到中间位置。①

（二）《姜子牙》中的狐妖定位转变

《国语》中记载，妲己乃是纣王帝辛征伐苏氏部落的战利品，而妲己与狐狸有关的联系正是此时产生的。但在《封神演义》时期，妲己只是作为纯粹的反派角色出场，这是古人朴素的正义观的体现。而作为现代电影《姜子牙》，自然需要根据现代审美进行改编。在这一点上，《姜子牙》选择了割裂人物的善恶，如同斩三尾一般将妲己的人性与妖性割裂开，变为两个黑白分明的角色——小九与九尾。

九尾在电影中的角色正是割裂出了九尾狐妲己妖的一面，九尾狐惑乱纣王，为祸苍生，就如同《封神演义》本篇所描述的形象一般。但在对于九尾形象的重塑过程中，没有浅尝于妖狐的形象，而是细化了九尾的动机与目的。九尾惑乱纣王是师尊的命令，正是师尊要顺天命以周代商的计划。九尾在这其中扮演了一枚被利用的棋子，但仔细解析狐妖的动机，正是九尾希望上天成仙，摆脱妖身才会失去判断能力，被师尊所欺骗。这种九尾的形象塑造并非是凭空捏造的，恰恰九尾这个角色的设定正符合古代的狐妖形象。②

狐狸最早接受崇拜是作为部落图腾，《山海经》中的《海外东经》《大荒东经》《南山经》都有记载青丘狐的故事。妲己的苏氏部落恰恰是一个崇拜狐图腾的部族。而狐狸从原始的兽形图腾变为之后的妖狐形

---

① 黄景春，穆劲伊. 封神演义人物的分类研究［J］. 韶关学院学报，2011，32（5）：43-46.
② 阙政. 两位导演访谈：《姜子牙》要解开封神千古悬念［J］. 新民周刊，2020（36）：80-83.

象，则是有一段漫长的发展过程。

最初是春秋时期，受到易物感生的思想影响，原始图腾的狐狸崇拜变成了祈求生育与婚姻的地母神，成为男性配偶的化身。这一形象经由秦汉时期谶纬思想的影响与传播，染上了政治性。在当时拥有继承人是统治者统治延续的重要因素，统治者与其幕僚都希望能尽早地拥有继承人以稳固统治。而在这种思想下，狐崇拜从原本单纯的生殖崇拜变为对于权力地位稳固的崇拜。也因此谶纬中提及的九尾白狐逐渐演变成地位权力的象征，从单纯的姻缘神转化为王权神，同时由于谶纬的两面性，既可用于稳固统治的正当性，也可以提供反叛的正当性，狐崇拜便得到了权力的稳固与衰落的两方面。① 在《姜子牙》中九尾作为青丘狐之首，统率万狐的身份正是狐狸曾经作为王权神的表现。其明明身份尊贵却依旧渴求成仙，青丘狐妖不受世人待见等角色设计又暗示了狐妖作为王权神的衰落。

这一衰退产生于汉末，中国自古本就有神怪仙人的传说，而时值汉末佛教东传，小说家与传教士都以志怪作为由头来传播思想教义，因此当时志怪故事风靡。也因此狐崇拜逐渐从王庭转向民间，加之佛教流传，佛教的神话故事与教义开始逐渐取代原始道教的神话，而作为王权神的九尾狐在谶纬大加发展之后不再具有唯一性，"龙""凤""麒麟"等诸多祥瑞在谶纬研究下获得了王权神的地位。② 也因此，白狐的重要性与地位开始下降，并逐渐被取代。③

剧中的"玄鸟""四不像"等神兽正是代表谶纬中取代九尾狐王权神权柄的祥瑞，也正是因此触发了九尾夺回权柄、登天成仙的渴求。但

① 邱娟. 神话学视域下"狐"影视形象研究［D］. 金华：浙江师范大学，2020.
② 本书编委会. 武王伐纣平话［M］. 南昌：豫章书社，1981：109.
③ 龚世学. 先唐符瑞文化与文学［D］. 江苏：南京师范大学，2010.

剧中九尾所用的迷惑纣王、惑乱朝政一系列手段却是妖魔化的，是对九尾狐的妖化。魏晋时期志怪流行，褪去王权神面纱的狐狸开始变为幻化成人的妖媚女子形象，从神转变为妖。

此时狐妖形象的呈现分为两方面：一方面是如《玄中记》中所述的继承王权神性的白狐形象；另一方面则是强化了蛊惑人心的妖魔形象。在《太平广记》中曾有叙述"狐者，先古之淫妇也"，这种观点比起神性的白狐形象更加地深入民间，大量的志怪作者据此加以改编创作，使得狐妖的形象越发固化。①

狐狸妖魔化的表现并非只是满足于大众对于志怪的猎奇心理，其更多的是起到简单的教化作用。无论是妲己的故事，还是聊斋志异等志怪小说，其中教化意味大过狐妖本性的表述，狐妖本性在故事中是处于批判与被批判的引子，其往往作为虚构化的概念——人的过错。狐妖诱惑人是为了教化人们不应当接受诱惑，这恰恰是中国古人最擅长的一点，将虚幻的、难以表述的概念说教设计塑造为一个具体的形象，诸如狐妖、蛇妖等，通过批判或是击败这些具象化的形象来传递蕴含其中的教化作用。②

也正因如此，《姜子牙》中才从九尾的人性一面割裂出小九这样的一位少女。小九在剧中虽然有小偷小摸，但自始至终是一个寻找阿父、寻找自身内心救赎的迷茫少女形象。这种分割人物形象的方式正是《姜子牙》所探寻的狐的人化。九尾行恶，一是为了夺回王权神地位；二是从小的方面来说却只是因为要成仙，追求荣华富贵。这种思想一点也不妖魔，反倒是与人类相同的。

---

① 李炳海. 从九尾狐到狐媚女妖：中国古代的狐图腾与狐意象 [J]. 学术月刊, 1993 (12)：71-78.
② 叶舒宪. 西方文化寻根中的"女神复兴"：从"盖娅假说"到"女神文明" [J]. 文艺理论与批评, 2002 (4)：28-38.

　　小九寻父是出于自身渴求关爱的心理，是被欺凌者寻求关爱的本能。从这点来说，《姜子牙》所塑造的狐妖形象恰恰是为了迎合当代的思想与文化。观众渴求恶有恶报，但又不希望看到无缘无故的坏。九尾固然被利用，但被利用并无法洗脱她的所作所为。狐妖形象的确立以及狐妖故事正是古人朴素价值观的树立方式，狐狸形象的变化无论是从最初的婚姻崇拜到王权崇拜，再到之后的狐性淫的妖魔化处理，都体现了当时古人的思想、政治、风俗的变化与需求，神话随着人的需要在变化。

　　因此，《姜子牙》中狐妖的形象正是为了反映当代人的思想，这种变化引领了当下时代的思想需求。从狐妖的人化角度来说，这是一次成功的尝试。但《姜子牙》作为新神话塑造的主要推行者，其天命思想却陷入一些争论中。

三、神话形象的现代价值观

　　《姜子牙》与《千年狐》涉及关于命运轮回的主题，如何面对命运是经久不衰的话题，是当时的人对于人生价值、社会价值的思考与探索。在中韩以及世界各地的神话中，命运主题都很常见。中韩两国都受到儒道文化熏染，因此在对待命运时选择大致相同——韩国的檀君神话描述天神桓因之子桓雄顺应天命在人间建立朝鲜国的故事，而中国也有大禹受天命成婚治水的故事。

　　在这样的文化基础上，逆反命运本身是一个具有革命性的主题，以往中国动画电影不管是哪吒，还是孙悟空，其本身就是传统文化中的叛逆者形象，角色设定和重塑也因此较为容易。但姜子牙作为传统文化中礼教的维护者，如何将其立场反转是改编中的难题。

　　《姜子牙》将这一难题归结于天命思想，以反天命的形式来塑造人物。但无论是哪吒、姜子牙，还是在这之前的《封神演义》等明清小说，总是倾向于将天命具象化为统治者与支配者的形象，诸如《姜子牙》中的师尊一般。师尊身着道袍，端坐着的巨大的人形，展示了古代皇帝的形象。不管是哪吒还是姜子牙，将皇帝形象作为中国传统的支配者、统治者和压迫者形象似乎达成了一个共识。这种将天命、压迫等抽象的概念汇聚为一个具体的人物的做法，一方面使得他被赋予了能够被打倒、推翻的含义；另一方面却也体现出了这种朴素天命思想的不足之处。将苦难、困境归咎于个人的作恶和压迫，树立一个可以简单达成打破命运、打破压迫的目标——运用暴力来解决罪魁祸首，天命思想在近代的改变受到了从古至今所带来的局限性。①

《姜子牙》中这种局限性造成的后果更加严重，在结尾让九尾悔悟的同时给予了制裁，师尊、九尾等作恶的人物遭受惩罚，小九、申公豹等英雄人物与受害者得到了回报，束缚众生的通天梯被摧毁。看似反抗了命运，迎来了大团圆结局，但命运的压迫与无情全部来自师尊，解决办法却是师尊的师尊，也就是师祖惩戒了师尊，这给《姜子牙》反抗命运的思想留下了严重的漏洞，姜子牙并没能够凭借自己的力量击败师尊，而是引起更上层者的注意才达成了目的。结尾，众人感恩师祖的模样，与师尊计划成功后众人痛恨九尾感谢师尊如出一辙。姜子牙虽然斩断了师尊控制天下的手段，却没能解救众生和打开自己的思想枷锁，这样的反抗只能说是让人遗憾的。

四、《千年狐》中的价值观变迁

（一）《千年狐》的人物形象

《千年狐》的故事始于一所夏令营方式的学校。不能适应学校生活

---

①　刘起.《姜子牙》：封神宇宙的现代性重构［J］. 电影艺术，2020（6）：62-64.

的问题儿童会在这个学校接受教育。在剧中，如果千年狐想成为人类就必须得到人类的灵魂，这也导致千年狐们去杀害人类，反过来，人类为了自卫不断地捕杀千年狐。而《千年狐》的主角正是一只还未成年的千年狐优比，她在风雪中遇到了因飞船故障而不得不在地球逗留的外星人一家，从此和外星人一家住在了森林中，也因此摆脱了千年狐一族的宿命——优比认为人类蠢笨，因此不想成为人类。

但偶然的机会，山下学校组织学生上山探险，让优比认识了一个小男孩，这个男孩名叫坤宜。因为外星人遥遥的失误导致飞船再次坠落，遥遥因此被其他人埋怨，于是赌气跑下了山不愿回来。为了接回遥遥，优比决定去山下的学校上学。渐渐地，她开始喜欢上了在学校的生活，并对坤宜产生了不一样的感情。紧接着，捉妖人知道了优比的真面目逼上山来。优比也受影子侦探的蛊惑，拿到了能摄魂的机器。坤宜跟随捉妖人来到了优比居住的地方，并向优比表达了自己的感情。就在摄魂机将要把坤宜的灵魂吸走时，捉妖人的到来打断了这一切。

捉妖人把优比打回原形，千钧一发之际，坤宜抱起优比跑向森林，却因没能看清脚下的路，跌落湖中，化作一只鸟进入灵魂安息的加拿瓦。为救坤宜，优比义无反顾地跳进湖里，并成功救出了坤宜。加拿瓦的灵魂数量是不变的。因此，优比用自己的灵魂代替坤宜留了下来，在这之后经历轮回化身成人。

《千年狐》将笔墨全部放在了优比和坤宜这两位男女主角身上，其他出场的角色诸如江老师等人性格与形象的树立都是为了辅助与衬托两位主人公。① 《千年狐》对于狐妖形象的改编是人化的，剧中的优比所烦恼与珍视的亲情、爱情、友情正如同同年龄的小女孩一般。但与普通

---

① 叶舒宪. 神话：原型批评在中国的传播 [J]. 社会科学研究, 1999 (1)：116.

人不同的是，优比在深山长大，在外星人的陪伴中成长，其未经世事、无忧无虑的一面反倒是展现了人在自由成长的环境下所独有的无邪，这种无邪让优比比普通人更具人情味。

横向进行对比的话，《姜子牙》中的小九正是如同优比一般的角色，但《千年狐》在形象转变的路上走得更决绝，优比的形象完全舍弃了狐妖的妖魔特色——狐妖的王权象征与魅惑人心的性格特点都被替换为天真无邪的少女心性，只保留了狐狸调皮的动物特点，这将狐的形象从人为性格赋予转变为生物的自然天性，在原生的狐形象中添入人的元素。这就是优比人格魅力的由来。

(二)《千年狐》中的韩国文化变迁

《千年狐》故事中千年狐要变成人类就必须夺走蓝色的人类灵魂，而灵魂只有在恋爱时才会变成蓝色。于是千年狐为了变成人类，就必须去勾引、欺骗人类爱上他们，然后夺走他们的灵魂。这一形象正如同任何古老的狐妖传说一般，千年狐是邪恶而可怕的妖魔。

这一行为也招致了灾祸，人类为了对抗千年狐培养出了捉妖人。在捉妖人的奋斗下，狐妖一族只留下了最后的孩子，也就是优比。由于没有长辈，也不曾受到过教育，优比反倒是摆脱了以往的狐妖宿命。优比立场的转变正是狐化人的过渡过程，从危险的妖魔变为无害的狐精，再到之后的上学以及坠入加拿瓦转世成人。这其中的转变正是韩国思想文化转变的一个索引，自西方文化流入韩国，强大的西方势力所带来的文化冲击力使原本处于封建礼教时代的东亚文化的大量旧事物被新事物取代。① 这一过程体现在动画中则是千年狐的逐渐消亡，而随之而来的是文化融合，优比的形象正反映了正在接受、消化西方文化影响并与自身

---

① 潘百齐，刘亮. 论《封神演义》的道教文化涵蕴 [J]. 明清小说研究，2000（2）：183.

文化相结合的韩国传统文化其本身。

《千年狐》的结局正是作者给出的答案，作为旧文化象征的千年狐不再害人而是救人，最终转世成人。这正是韩国接受西方文化所得出的答案，将过去封建礼教的糟粕剔除，使狐妖的魅惑与残忍消失，但却保留了狐妖象征爱情的一面，用一个真挚的爱情故事来表现韩国传统文化已然新生，其保留了原本韩国传统的皮囊，但将之价值观和教化内核变为更加适应现代的新思想。①

《姜子牙》给传统神话形象重塑的一个重要启示就是人物的立场转变。原作《封神演义》成书于明清时期，其中的人物设定包含了大量当时的思想，如神仙的伟大、皇权的至高无上以及男尊女卑的社会现状。当时的姜子牙是皇权与神权的维护者，申公豹是忤逆皇权意志的敌人，而九尾则是邪恶的、祸国殃民的妖女。在《姜子牙》中，这一切都反了过来，姜子牙是对抗神权、主张人权的革命者，申公豹变成了心系朋友、急公好义的英雄，而九尾则变成了一个受害者，一个可悲又可憎的矛盾形象。而这正说明了现在观众的立场改变，因为从落后的封建制度变为现在的民主制度，所以人们敢于、乐于去挑战权威，他们更愿意见到一个不屈服于权威的姜子牙形象。同时观众对于历史的思考以及道德的思考，使得他们再也不能接受一个非黑即白的简单划分，所以我们看到了形象大变的九尾形象。

这一切正是通过之前众多动画、电影、影视剧对于这些传统人物形象的再塑与再神话化，逐渐影响了新一代观众的思考。《姜子牙》与《哪吒》积累了这些改变，一举塑造出了封神宇宙的雏形。现在封神宇宙的打造虽然只是开始，但已经具备新神话的一些基本特征与功能——

---

① 张碧. 现代神话：从神话主义到新神话主义 [J]. 求索，2010（5）：177-179.

它正在影响和重塑人们对于神话人物及现实世界的思考。但与此同时，也会出现如同《姜子牙》一般的问题，《姜子牙》的天命主题困境正是对于观众的妥协，对于传统文化再塑造的过度谨慎与不舍造成的价值观树立的疲软。

在这一点上则更要吸收《千年狐》的塑造方式，《千年狐》全篇主题思想紧扣一种真挚的情感：无邪而纯真的爱情。其并未进行大道理的说教，但通过角色的自我牺牲升华并彰显了主题。① 对于观众来说，《千年狐》中优比为爱牺牲，其感人程度并不亚于《姜子牙》中申公豹的牺牲。

因此传统文化题材的改编不仅仅要贴合当代人的价值观，也要注重改编的着重点，高而大的主题并不一定能够让作品变得更具有深度，而小的主题也能够展现出令人深思的点。比起主题性的说教，价值塑造更应该在潜移默化中影响观众的思考与行为。正如同旧神话塑造了当时的古人一般，新神话也应该渗透进生活，用以塑造适合当代观众价值观的角色与剧本。

---

① 杨利慧. 神话主义研究的追求及意义［J］. 民间文化论坛，2017（5）：29.

第五章　新时代中韩现实主义电影叙述方式及风格

新时代下，现实主义电影已经成为电影发展中不可或缺的一部分。本章通过对中韩现实主义电影《寄生虫》《误杀》二者的叙事风格以及镜头语言表达等的差异性研究，为中韩两国现实主义电影的发展与再创造提供理论和现实意义。

现实主义电影通过传统的戏剧化故事情节以及人物的性格来表现人物内心更细微、更隐秘的情绪变化，探索人性中最本原的东西，张扬个人直觉和宣泄情绪，使电影由纯粹的视觉艺术升华为能够引起大众内心共鸣的艺术影片。

真实事件，乃至新闻事件，是电影行业重要的创作资源，韩国在这方面尤为突出，很多真实事件改编的电影不仅获得高票房，还收获不少奖项，这与韩国电影人有着浓厚的现实情怀有关。21世纪以来，中韩两国此类电影在数量上均有上升，质量上各有佳作涌现，出现了在各自电影版图中具有某种标志意义的作品。中韩两国由于文化环境和时代背景不同，电影在内容和形式方面都呈现出一定的差异，值得我们对两国电影进行分析研究。

第一节　中韩现实主义电影的现状

20世纪30年代，意大利掀起了一场以自然光和简练的台词为特征的电影风潮，随后形成的类型电影被称为现实主义电影。这类电影以真实反映现实生活为特征。影片始终通过对真实生活的高度模仿，将电影的内容放置在观众的现实生活之中，从而使观众产生对现实生活的反思。

韩国现实主义题材影片比较成熟，比如，近年来上映的《隧道》以及《寄生虫》等影片。《寄生虫》获得了第72届戛纳电影节最高荣誉金棕榈奖，再次吸引了人们的眼球。影片讲述了一个底层家庭想要依附富人家庭生存，最终幻梦破灭的故事。韩国的现实主义题材影片虽然会受到商业市场与资本的左右，但导演们从未放弃对普通民众生活现状的关注，创作出了具有韩国特色的"苦难叙事"形式。

韩国现实主义电影主要以明显的故事核心指向与真实事件的艺术加工为特征从而立足于亚洲电影。2003年，奉俊昊导演的《杀人回忆》在韩国上映，电影改编自真实的连环杀人事件，虽然因为受害者家属上诉导致电影强制下线，但《杀人回忆》依旧让奉俊昊坐在了韩国现实主义电影导演的前列。2019年，戛纳评委单元奖被《寄生虫》摘得，使得奉俊昊成了韩国当之无愧的第一现实主义电影导演。

随着中国电影市场的不断发展，中国的电影种类也变得丰富多彩，人们也开始关注一系列社会现实问题，现实主义影片再次以新的面貌走入大众视野，比如文牧野的《我不是药神》、青年导演鹏飞的《米花之味》等。《误杀》是由陈思诚监制，柯汶利执导，由肖央、谭卓、陈冲领衔主演。该电影改编翻拍自印度电影《误杀瞒天记》，讲述了父亲为了维护女儿，用电影里学来的反侦查手法和警察斗智斗勇的故事。

《寄生虫》《误杀》两部电影都基于现实主义，表现了完整的家族面对困境的状态与反应，但基于中韩文化差异，各自又呈现了不同的价值观和艺术观。本文聚焦两部电影，比较两部影片所呈现的家族文化在中韩地区的异同。

第二节　中韩现实主义电影的现实批判

一、故事：家庭与社会关系的反思

《寄生虫》表现了韩国贫困家庭的现状，但贫困家庭对于自己的身份地位并不认同，始终努力想在富贵家庭面前获得尊重，最终失控。贫民父亲杀死了富豪，被迫躲入了不可见人的地下室，贫民儿子只能努力成为下一个富豪才能救出父亲。《寄生虫》的故事是基于韩国社会贫富差距创作的，主角一家是韩国各个贫困阶层的缩影，他们既期待通过服务上流社会解决温饱问题，又希望上层社会对自己足够尊重。影片给出的答案是贫民努力成为富豪则可以实现所愿。影片结局简单直接却最不现实，就像一场注定失败的美梦。

《误杀》是马来西亚导演柯汶利的首部剧情长片，改编自 2015 年印度电影《误杀瞒天记》，成为我国 2019 年口碑票房双丰收的一部犯罪类型片。《误杀》的主线故事借用了印度电影《误杀瞒天记》，讲述了资深影迷李维杰为了保护妻女，利用电影中的手法制造不在场证据，与警察局长拉韫斗智斗勇的故事。不同的是，影片把故事的发生地设置在"赛国"小镇，男主人公李维杰是一心顾家、为生活奔波的小人物，妻子阿玉则是中国传统的贤妻良母，他们既要担负高昂的教育费用，也面临着女儿的逆反与隔阂，期待生活平安。家是中国人的情感核心，当女儿遭到官二代素察的欺凌时，站在妻女前面保护家庭的李维杰，自然引发观众的共情与认同。改编中对于中国式情感的强化同样应用在拉韫身上，她为了找到儿子不惜代价，滥用警察局长职权，最后一无所有，让人可怜同情。语境改编使《误杀》从故事层面具有了中国意味。

《误杀》一方面通过强烈的戏剧矛盾冲突增强剧情的曲折性；另一方面则是突出人物感受，注重人物的情感。《寄生虫》则更多是表达社会阶级的象征意味，用一个家庭的所有成员指代贫困阶层，再用富豪家族来描述富裕阶级，为了突出贫困家庭父亲角色痛下杀手的一刻，导演用贫富差距来描述了两个家族的不幸。《误杀》内在传递的是对观众内在的善恶美丑的再次评判，而《寄生虫》则更多是引起观众思考社会制度与贫富差距问题。可以说，《误杀》是对何为正义进行的一次探讨，而《寄生虫》则是现代社会问题的缩影。

二、人物关系：个人恩怨与阶级对立

在《误杀》中，李维杰和拉韫各自在面对"女儿被伤害，儿子被误杀"的局面时，展开了激烈的角逐。李维杰自带中年油腻感和市井小民的痞气感，在父亲和丈夫的双重角色面前，他对妻子和女儿的爱也独具魅力。他本人是电影的狂热爱好者，丰富的观影经验让他在与拉韫的周旋中几次占据上风，他用冷静沉着的态度为家人编造着逃脱嫌疑的谎言，细心地为大女儿平平和小女儿安安思索不同年龄的人应该怎样回答警察的询问，让妻子重新做好半年来所有的开支票据，完美地利用了身边所有人的证词为自己全家洗脱嫌疑。拉韫一出场就给人一种果敢干练的形象，在警察局众多的男性面前，她是强者和领导者，在一开始的破案中就展示了她作为警察的敏锐和反向推理能力。对于下属,拉韫是严厉的局长形象,在丈夫和儿子面前,拉韫则是一个贤惠的慈母形象,对于儿子她更多的是宠爱和纵容。在得知儿子可能被害之后,她一改往日冷静专业的形象,变成了一个冲动盲目的疯子。往日优秀的探长在失去儿子以后,因为母爱的偏执和癫狂而彻底失去理智。

李维杰和拉韫在逃脱嫌疑与破案之间展开了激烈的竞争,两者对立的亲情对抗、博弈,也让观众看到了这部影片强烈的戏剧冲突。在一次次的侦查与反侦查、套路与反套路的角逐之间,网络维修员身份的父亲和市长竞选人身份的父亲,身为家庭主妇的母亲和身为警察局长的母亲,谨慎乖巧的平平和纨绔子弟素察等,种种不同身份之间的对立将这场角逐推上顶峰,也引起大众对这部影片更多的沉思和感悟。

《寄生虫》则格式化地将贫富两个家族人员一一对应,通过父亲、母亲、儿子、女儿四个角色的物质差距和精神状态,展现贫富差距带来的心理落差。家族内部关系则处于一种相对稳定的状态,富人家庭和贫穷家庭都具有稳定的家族核心和生活目标,这种稳定的家族内部关系凸显了各个家族所代表的社会阶层特征。家族往往被视为构成社会的元素,而家族内部人物的关系在艺术作品中经常被指代为社会关系的一环,父亲往往是与权力相关的,而母亲则是社会女性群体的代名词。将整个家族投射到社会之中,角色有了新的指代,角色之间的关系也就形成了电影对社会阶层的表征关系。

《寄生虫》可解读为父辈的厮杀与穷人的未来,影片将两个家族的成年男性的对抗外化,将儿子对于贫穷家庭关系的摒弃做了内化处理,即私下解决地下室的问题。《寄生虫》最后,儿子角色决心要除去地下室的隐患,但未跟家人沟通,最终导致惨案,而穷人儿子则一直在做着自己的美梦———将自己变作富人。奉俊昊导演在处理家族人物关系时，经常对父亲的无能形象进行突出描写，并展现作为旁观者的儿子对父亲形象不由自主的鄙夷和质疑。在东亚农耕民族文化中，男性始终作为家族最强的劳动力，将父子关系在家庭中的状态投射向社会，则形成了主流社会与未来继承者的关系。

《寄生虫》有着明显的阶级对抗关系，贫困阶级对抗富人阶级的同时，贫困阶级需要面对来自家庭内部的质疑，特别是来自下一代的质疑。由于科技迅猛发展。上一代人的知识水平已经远远无法适应现今社会的发展速度，而当年青少年依靠其学习能力和知识水平，已经将上一代人很快甩在了身后。上一代人面对社会整体的抛弃，被逼迫走上了绝路，而新一代人的机遇是需要踏过前人才能继续向上的。《寄生虫》中，围绕着贫穷的父亲角色，展现的是社会对于这一代人的抛弃，特别是在父子关系上，儿子希望通过现代社会的认可拯救被抛弃的父亲，实质上更是对这个社会和时代的抛弃。

两部电影都对父母与子女关系进行了细致的描述，《误杀》将父女关系作为整个片子的矛盾中心，后来发生的所有故事皆是由此引起的。电影《误杀》与印度电影《误杀瞒天记》相比，叙事更加紧凑，导演在原版基础上进行了本土化创作，使语境更加贴近中国人的生活，中国观众更容易产生共情，再加上导演独特的镜头语言所塑造的情感和主题表达，使《误杀》口碑和票房获得双丰收。《误杀》不仅是一部叙事有所突破的犯罪类型片，更加入了对现实社会和人性、亲情、家庭教育的思索。《寄生虫》则是通过外化的贫富差距的对抗指代父子关系中内在的变化，映射出贫穷阶层的未来是对于富人阶层的向往，寄希望于自身能够晋升阶层而非自身阶层改变。

两部电影都在表现父子关系中儿子对于父亲角色的抛弃，都在指代社会时代进步的同时，年轻一代对父辈一代的无情淘汰。《误杀》着重展现对现实更为深切的观照和对人性的思索。《寄生虫》则更突出贫困阶层自身的矛盾与毫无出路的现状。

两部电影都涉及贫富差距的主题。富人和穷人、当权者和剥削者之间的对立，成为电影中无法忽视的张力。《误杀》讲的是处于社会底层的李维杰，在女儿受到警察局局长儿子侮辱、家人在一次争执中将其误杀后，想方设法帮家人洗脱嫌疑，与警察局局长斗智斗勇的故事。影片中看过1000部电影的李维杰与破过1000起案件的警察局局长之间的交锋可谓是把观众的心都提到了嗓子眼，最后的结局是李维杰自首，但警察局局长及其所代表的官方势力也失去民心。《寄生虫》中贫富对立则更为明显，这部韩国影片描述的是阶级的巨大分化，比如富人在暴雨中失去的只是孩子生日露营的机会，而穷人失去的则是住所甚至所有的一切。

三、矛盾冲突：善与恶的界限

作为电影中最突出的艺术表现方式，矛盾冲突经常与电影主题紧密联系，现实主义题材电影尤其如此。《误杀》中，矛盾冲突表现为父亲为了保护自己的家人，与丧子的霸道女警察局局长对抗。电影《寄生虫》中，导演大胆地采用混合类型片的方式，形成了一种荒诞的现实感，也赋予了影片耐人寻味的价值性和艺术性。

《寄生虫》导演奉俊昊沿用了他的荒诞幽默风格。在影片的前半部分，导演以一种黑色幽默向观众讲述了一个底层家庭处心积虑地钻入上层家庭寄生，四个人环环相扣、一计又一计地将上层人家的司机、管家排除掉的故事。向观众赤裸裸地展示出导演所要表达的思想，寄生虫与宿主的关系也在故事的讲述中得到完美的诠释。金家人从底层往上爬依靠着的是朴社长给的工作，是依靠着朴社长而生存，无可置疑的是：他们是寄生虫，是一种底层阶级对上层阶级的仰仗。随着剧情的推进，作为第二部分的寄生虫依照情节登场，管家及其丈夫作为另一伙寄生虫，二者不可相容，而导演巧妙地运用底层阶级之间的争斗，表现出来了底层人民所展露的人性善恶之辨。在影片中，导演运用下层阶级的气味与上层阶级的气味相对立的隐喻，充分地展现了主题的深意，多颂第一次就直接说出金家所扮演的这些人具有相同的味道，这也是导演直接点明主题的第一笔。接着朴社长与夫人在沙发上讨论气味更加强化了阶级对立这一主题。上层阶级对下层阶级的鄙夷与不喜，也为高潮的到来埋下了巨大的伏笔，最后当金基泽目眦且愤怒地刺向朴社长的那一刻，也恰是因为朴社长对这一气味的嫌弃，这或许是下水道的味道，又或许确是下层阶级的味道，将朴社长自己推向了死亡的深渊。导演将这个带有悲剧色彩的故事展现在观众眼前，给了观众一击冷静而又平缓的伤痛。在这部电影里，导演向观众透露了固化阶级对立观念，也强调了现实中人性的善恶观念，在人物的表现中赋予些许同情又或是讽刺，底层人生活在逼仄的地下，上层人生活在明亮的地上，这无疑是奉俊昊为世界电影献出的一记现实重击。

电影《误杀》的男主角李维杰是普通的四口之家，生活不富裕，但总体幸福平和。大女儿平平在一次参加夏令营的时候被一个富二代素察迷奸并拍摄视频，之后素察以视频要挟想对平平进行二次伤害时，平平母女误杀了他。惊慌失措的母女二人将这一次遭遇告诉了李维杰，李维杰根据平时看电影的剧情制造出各种不在场证明，与警方斗智斗勇。经影片前期塑造，李维杰在人们心中是热心助人的好伙伴，反而以警察为首的公职人员，欺压百姓、颠倒黑白。于是，百姓自然会在李维杰一家被逮捕后选择抱团帮助李维杰脱困，毕竟调查真相是警察的事情，老百姓的生活只需要了解是非对错、善恶有别。李维杰为了洗脱自己的罪名，让很多人来辅证自己的谎言，甚至牺牲很多家庭的安稳来使自己成功逃脱，虽然他逃避了牢狱之灾，却逃不过内心的谴责。李维杰从小就是孤儿，父母死于暴乱，他深知暴乱会造成无数不幸的家庭，而这一切都是因他而起。当他看到小女儿涂改后的试卷时，更是悔不当初。他知道身为父母，自己对家庭以及孩子的影响，为了能重新树立孩子们的责任心和善良，他选择站出来接受所有评判和忏悔。

　　在论述关于现实主义问题时，西奥多·阿多诺（Theoclor Wiesengrund Adomo）和路易·皮埃尔·阿尔都塞（Louis Pierre Althusser）都将社会结构和批判与革命意识附着于艺术作品。阿多诺认为，艺术批判社会是艺术的功能之一，而马尔库塞认为在资本社会下人被压榨源于社会制度。① 两位将艺术与社会结构紧密联系在一起。在东亚，在艺术作品中艺术家所描绘的家族可以被视为一个国家或社会的缩影。通过对多方面的指认从而形成对于整个社会现状的描绘。两部电影都以不同的方式反映了社会与边缘或底层人们的关系，《寄生虫》激进，《误杀》则相对婉转。两部电影风格截然不同，《寄生虫》的前半段荒唐幽默，后半段离奇惊悚，造成了强烈的感官冲击效果。《误杀》中善良的李维杰和误杀人命的李维杰是善恶的两个化身，在善恶之间的摇摆或许可以左右真相，他瞒天过海试图逃过法律制裁，但永远逃不出自己内心的煎熬。两部电影的导演，自始至终都没有偏袒任何一方，而是让观众自行做出价值观的判断。我想两位导演的意图不是只想表达出单纯的善与恶。在现代社会背景下，许多人的善恶转换就在一瞬间，或者说已经没有善恶界限之分。导演真正想表现的就是现代社会的不同阶级之间的巨大鸿沟，故事影片中的主角、那些所谓的"小人物"究其

---

① 李春. 韩国近年现实题材电影的创作特点与启示［J］. 当代电影，2015（5）：98–102.

目的，只不过是想让自己和自己的家人能够活下去。影片在人性细节处理上的精彩之处就在于，每个人物真正意义上的善恶均被电影模糊化，人性的善与恶有时是共存的，与贫穷和富裕无关。

第三节 中韩现实主义电影的叙事差异

一、电影风格

《寄生虫》获得第 72 届戛纳国际电影节最佳影片金棕榈大奖，这也是韩国电影首次拿下金棕榈大奖。2019 年 12 月 4 日，影片入选第 91 届美国国家评论协会奖获奖名单，获得最佳外语片奖。12 月 10 日，影片获第四届澳门国际影展亚洲人气电影大奖。虽然《寄生虫》是一部反映现实不同阶级层的商业片，但是奉俊昊黑色幽默的电影风格贯穿了电影始终，让人在惊险刺激的故事情节下带有一丝忍俊不禁的黑色幽默感。这种风格给人有点搞笑、刺激的同时，带来更多的是对现实的折射与道德反思。① 影片中两个贫穷的家庭，不管是金家四口还是前女管家夫妻两人，都是寄生在朴社长这个大宿主身上，从这个家中取得收入，维持生活的运转。全职太太寄生于丈夫身上：朴社长的太太不上班，每天围绕的就是丈夫和孩子，印象深刻的是她在辞退前女管家时说到，"肺结核病人在家里的事情如果传到丈夫耳朵里，我一定会被碎尸万段"。这段内心独白表达了她对丈夫的言听计从。富裕家庭需要穷人的寄生：在前女管家被辞退时，朴社长在车上提到，"只需要一个星期，我们家就会垃圾成山，我的衣服会因为没有人洗而变酸"。这也表明

---

① 鲁迅. 中国小说史略 [M]. 上海：上海古籍出版社，2004：110.

了，富人的家庭同样需要穷人，不同的是，富人掌握主导权。①

《寄生虫》讲述了一家无业游民，住在狭窄的半地下室里。一个偶然的机会，这家儿子由同学介绍，得以去有钱人家工作，从此一家人走进了"上流生活"。但是，前女管家的出现展开了戏剧性的一幕。前女管家的老公为逃避债务，住在朴社长家不为人知的避难地下室中。两家人从素不相识到亲密接触，再峰回路转，双方都发现维持这种关系所要牺牲的可能比得到的更多时，双方的矛盾开始爆发。荒诞的影片结尾是前女管家为了报复，展开了一系列的争斗，最后穷人家的爸爸杀了雇用他们的富人。《寄生虫》反映贫富差距矛盾的同时，反映了这种矛盾所带来的巨大社会压力，它的戏剧成分很强，惊悚感被巧妙地转化成幽默。影片注重艺术形式的表现，使电影表现既在情理之中，又在意料之外。

《误杀》是导演柯汶利继短片《自由人》之后的首部电影，延续了以往冷漠、昏暗的风格，整部影片充满压抑的灰暗色调，反映人物内心的压抑与痛苦。电影采用线性叙事穿插环形叙事的结构，讲述了一段发生在异国的悬疑奇案。影片叙事中强烈的戏剧冲突，表现出剧中人物的阶级状态与社会现状，进一步剖析人物性格，探讨人性的复杂。影片中采用了多种表现手法和叙事方式，特别是主人公巧妙运用电影的蒙太奇手法，使得整部电影呈现出独特的感染力。② 影片伊始，画面的整体色调偏于暖黄色，体现了东南亚的异域风情，轻松欢快的音乐展示了李维杰一家人的幸福生活，给观众以轻松的享受。而在李维杰一家出事以后，影片的整体色调转为冷绿色，多以昏暗的色调、灯光渲染一家人面

---

① 汪萌. "真实事件改编"电影研究 ［J］. 电影文学, 2016 (19): 44.

② 段鹏. 空间与权力: 数字鸿沟背景下的阶层壁垒: 兼谈电影《寄生虫》的空间叙事逻辑 ［J］. 当代电影, 2020 (4): 78.

对事态发展时的紧张不安，使观众体会一家人深深的压迫感。

两部电影在风格上截然不同。在《寄生虫》这部电影中，导演深刻地将人文思辨与社会问题植入电影理念中，并结合韩国特有的文化背景，赋予电影文本浓郁的历史感和厚重感。电影中对底层人物的现实关照、对社会问题意识的敏感传达都让人印象深刻。《误杀》作为现实主义题材影片，在一定程度上影射了公职人员对于权力的把控和普通人的无助，揭示了引人关注的强暴等社会热点话题，最后回归到对人性的解读上。影片既有对世界丑恶的揭示，又有对子女和父母之间的爱、责任和保护的宣扬。完整的故事情节扣人心弦，配合演员精湛的表演，向观众呈现了一部完整的剧情电影。观众在观看影片的同时，思索影片的艺术造诣，体现了电影的不断创新和人们对艺术的不懈追求。

二、蒙太奇

蒙太奇作为一种剪辑手法，可以在电影创作中设置伏笔和隐喻，推动故事情节的发展，同时可以帮助表现影片主题，呈现惊人的艺术效果。增强影片的主题性和故事技巧性，是蒙太奇的作用所在。蒙太奇将使用不同方法拍摄的镜头用艺术的方式组合起来，不仅能够发展情节、讲述故事，更重要的是利用不同蒙太奇所产生的象征和隐喻意义帮助阐发主题。

《寄生虫》是一部偏悬疑的片子，奉俊昊在影片中利用蒙太奇放大关键性的细节，有效地推动故事顺利自然地发展，而且拉低了观影门槛，保证绝大多数的观众都能轻易理解和明白。基宇第一次走进豪宅时，导演用 PPT 式的蒙太奇手法，展示了挂在墙上的几张照片。① 通过

---

① 王律.《寄生虫》的视听语言分析与研究［J］. 西部广播电视，2019（22）：136.

这几张照片，社长家的成员情况和社长的权势地位都一目了然。在儿子基宇和女儿基婷向母亲描述社长家的女管家时，以讲述声为背景音，展现了多个片段的画面。画面数次停留在用相框裱起来的报纸上，那是有关南宫弦子的报道。南宫弦子是豪宅的设计者和上任主人，也是女管家的上任主人，女管家由南宫弦子直接推荐给社长一家。这段蒙太奇的应用，凸显出女管家的地位，从侧面展现了换掉女管家的难度，并为下一步开展的情节做出了铺垫。暴雨来临时，穷人一家三口从豪宅回到被暴雨淹了的半地下室时，导演也将第一个镜头切给了奖牌。这两处蒙太奇的设计，表现了妻子作为链球冠军过人的力量，为最后与女管家老公博斗时能将其反杀做出了铺垫。穷人爸爸在向社长夫人讲述女管家患有肺结核时，用了一个同场景转换的蒙太奇，向观众展示了原来所有的说辞都是在家里排练过的。既表现出他们一家为了寄生到上层社会，进行了精心的谋划和充足的准备，又表现了他们对于上层阶级的渴望，以及不满足于阶级差距的野心。

在电影《误杀》中，平平母女跟素察的打斗过程与李维杰看拳击赛拳王搏击片段，被导演运用了交叉蒙太奇，将完全不同的两个场景不停地交叉剪辑，① 让观众的心在李维杰看拳赛的兴奋中和平平母女的恐惧中，来回跳跃。同一时间，在不同空间发生的两种动作交叉剪接，构成紧张的气氛和强烈的节奏感，造成惊险的戏剧效果，引起悬念，制造紧张气氛，加强了矛盾冲突的尖锐性。电影中，平行蒙太奇的一处展示就是李维杰的小女儿安安在吃饭的时候用叉子在桌子上刮出一些划痕，对应的是坟墓被挖出后棺材板上的一道道血痕，从这一点也印证了素察不是被打死的，而是在棺材里缺氧死亡。对于李维杰的埋尸地点，到了

---

① 秦鹤梦. 电影《误杀》中国式情感的表达与传播 [J]. 西部广播电视，2020（3）：124-125，158.

影片结尾都没有给出一个明确的答案，但其实导演已经将答案埋在电影中了。在李维杰承包警局地缆工作和同伴勘察地点的时候，他盯着未完工的水泥时那意味深长的眼神，以及李维杰看了一下尺寸。这里的反射蒙太奇，通过反射联想作用于观众的感知和意识，揭露剧情中的隐藏事件。电影《误杀》的镜头语言极度丰富，导演柯汶利动用了一切元素为故事服务，以此来增加观众的代入感。而这些元素，很多并不是具象存在的。

三、隐喻

韩国影片《寄生虫》通过空间的设定来表现剧情的发展。空间的作用有两个，一方面直接带动情节突转，如影片从穷人全家人尽情吃喝时，前女管家出现并打开了一条诡异的地下通道，发现这里居住着前女管家的老公时，形势顿时逆转，全家开始由要挟方成为被要挟方；另一方面在于寓意，地下空间最初是为了躲避朝鲜的轰炸，这是创伤的寓意，另外，穷人寄居于地下，这是等级的寓意。当主角一家逃回自己家，由上层逃回下层，这里的一系列构图有明显的纵向性，从高到低，也暗喻他们的社会地位。①《寄生虫》通过隐喻和反讽赋予画面更加深刻的含义。

《误杀》中最吸引人的就是这些隐喻。当一个事件的最终结果浮出水面时，回想起之前的影片细节，细致缜密全都指向这个结果。例如，拳击运动员容易吞舌窒息而死、妹妹用餐具不停地划餐桌，都为平平妈把素察埋进棺材时他并没有死埋下了伏笔。《误杀》中还出现了大量羊的镜头，这是整部影片中的一条隐线，起着画龙点睛之笔的隐线。在

---

① 吴小雯，胡少婷. 解析"羊"符号在影视作品中的传达和运用：以《误杀》为例 [J]. 卫星电视与宽带多媒体，2019（24）：100.

《圣经》中，羊作为祭品被有罪之人献给上帝，称为"赎罪祭"，在这部影片中羊的每一次出现都承载着替罪、赎罪、牺牲等的隐喻。细心的观影者可能已经发现影片中羊的出现次数很频繁，那么每一次都有什么隐喻呢？片头《误杀》两个字出现时有声羊叫，代表本部影片的主题就是在替罪、赎罪中展开的。李维杰信佛，在自己能力范围内乐善好施，第一次去布施，僧人和羊同时出现，在李维杰唯一一次布施成功的时刻，僧人给了他安康的祝福，这时羊也代表着李维杰的人性本善，这个细节也和李维杰处理完素察的车后，第二次去布施，僧人拒绝形成鲜明的对比，暗示他已经是罪恶之身。李维杰沉车灭迹的时候，出现的羊群和牧羊人意味着目击者，李维杰恐惧地躲避，象征着他本性的抽离。李维杰因为打抱不平和警察发生争执，警察气急败坏地开枪，打死了路过的羊，羊替男主死，代表替罪、牺牲。警察去学校找李维杰的女儿平平的时候，老师正在讲"羊视力不好，很容易离群，被大型动物吃掉"。此外，影片里的隐喻还指李维杰设计的蒙太奇环节，那些蒙在鼓里为他作证的人其实并没有看清事情的真相，另有一个特指李维杰困难群体，和当地警察局长代表的黑恶势力就像鸡蛋碰石头，要想取得优势就得依靠群体的力量。在影片的最后，老人的微笑代表着即使知道自己被维杰骗，虽有不甘心、有困惑，但最后还是谅解了维杰，与最后维杰的眼神相呼应。

《寄生虫》在故事中通过一层层矛盾冲突完成故事讲述，以现实主义批判角度来看，具有浪漫主义精神，与现实并不完全相符。基于韩国现实社会状态本身，电影并未深究其贫富差距造成的原因，而更注重其事件状态。① 影片中丑化富豪家族形象，将底层人们描述得更加有血有

---

① 焦旸. 电影《寄生虫》的隐喻性解读 [J]. 名作欣赏，2020（5）：153.

肉，懂良知，明善恶，具有强烈的戏剧冲突，将观众的情感更好地调动起来。影片缺乏对事件本身的解决方案，最后通过贫穷家庭的儿子的美梦描述贫困家庭的希望，正是向现实问题表达绝望。特别是相较于韩国电影《熔炉》等所提出的解决方案，《寄生虫》选择了纯粹的戏剧或艺术模式。它是一种对作品叙事结构的完成，但是从现实批判角度来看，则是对现实问题的逃避。

围绕电影艺术中的现实批判特征，从影片叙事差异等方面比较了中韩两部电影的故事结构、人物关系和矛盾冲突，它们都不约而同地对现代社会阶级矛盾冲突进行了着重呈现。《寄生虫》回避社会问题的艺术化处理的方式，可看到导演奉俊昊能够感知问题却无可奈何的无力感。在现实主义批判性上，两者也具有明显的差异化，中国现实主义电影对于家庭的重视与韩国激烈的情感宣泄形成了鲜明的对比。叙事立场上的这种中韩差异，也折射了两国制度的差异和管理思维上的差异。基于中韩两国的文化历史背景和社会现状，事件因果的表现以及后现代主义影响下电影艺术的新形态，都能看到中韩两国现实主义电影文化的各自独特之处。

第四节　奉俊昊类型化叙事与社会隐喻的电影风格

韩国导演奉俊昊将深刻的民族意识和社会问题意识相结合，借助制作精良和叙事通俗的好莱坞传统类型电影模式，将深植于社会学专业的直觉性和自发性观察融入电影创作理念中，运用娴熟的艺术手段将作品呈现出来，其深刻的文化思考、发问能力和社会议题性令人瞩目。影片具有韩国特有的文化背景，赤裸裸地展现出韩国社会人民群众内心的痛苦与挣扎，折射出社会困难群体和整个社会之间的抗衡与博弈，采用多种隐喻手法披露民族伤痕与社会隐痛，将因经历漫长的民族苦难史而形成的特殊文化心理熔铸于电影文化之中，渗透着对人性的拷问以及对韩国历史与社会的思考，赋予电影浓郁的历史感、厚重感，引导观众反思韩国当下社会尖锐的问题，探讨作品背后的文化内涵、现实意义。他对于类型化叙事模式的把握，以及对极具戏剧性的社会现实问题的主题表现，使电影作品极具鲜明的奉式风格。他在适应市场需求的类型化叙事特色基础上，将民族主义与西方文化巧妙结合、将艺术理想与商业票房巧妙融入创作中，其电影中独特的审思是众多观众为之着迷的原因。以奉俊昊为代表的电影导演开辟了一条独属于韩国的商业片道路，为韩国乃至世界电影界增添了一抹亮色。

对奉俊昊的国际化影视创作之路进行分析，在当下电影市场全球化的语境下显得尤为重要。相对于国内不断摸索仍存在诸多瓶颈的跨国类电影，奉俊昊电影独树一帜的叙事风格、社会隐喻风格和跨文化传播能力不仅值得国内电影界学习，也提供了可靠的借鉴。

一、奉俊昊电影的类型化叙事

类型电影的出现拓展了电影主题的深度与宽度，使类型电影的题材不断变通与融合，在电影商业化的进程中书写一套完整的价值观。所谓类型片是指由不同题材或技巧形成的以叙事为主的不同的影片形态①。美国类型大片一度称霸韩国电影市场，其类型电影自诞生之时起已具叙事性的本质属性。奉俊昊类型化叙事风格便是深受这一时期美国类型电影的影响，独具类型化叙事风格。从叙事结构与叙事特点的角度进行分

---

① 潘天强. 西方电影简明教程［M］. 上海：复旦大学出版社，2003：49.

析，能够发现奉俊昊在对美国类型片电影创作模式成功套用的基础上，根据韩国的特质进行了本土化改造，创作出独属于自己的电影美学风格。

（一）叙事结构

叙事结构是指将电影的各个元素按照一系列的规律进行组织，并加入一定的技巧呈现出完整的故事和视听效果，它是影片叙事的主干。奉俊昊的电影创作多受到传统线性叙事结构的影响，此结构易使观众对后续情节了然于胸，在遵循叙事结构的基础上，极大地丰富和延伸传统叙事的内涵，增添叙事趣味性和情节跌宕起伏效果。

1. 打破传统悬疑模式

悬疑设置能使电影引人入胜、扣人心弦，调动观众积极性，使观众在观影过程中产生紧张感，最大程度地吸引观众的目光，极易将观众带入情节中进行思考并关心接下来会发生什么，这是电影叙事的重要技巧。经典的好莱坞希区柯克是传统悬疑叙事策略，无论罪犯多么"智慧"，探警们总是能从"坏人"留下的蛛丝马迹中找出破绽，并最终将他们绳之以法。悬念情节的设置无论多么吊诡，影片的谜团最后都会被揭晓。但奉俊昊的影片创作反其道而行之，打破希区柯克式"悬而有决"的经典叙事模式，在不断设计疑问、叠加悬念后以无果的开放式结局来终结影片，这样的书写效果将传统的戏剧性悬念类型片推向了侧重于人物心理悬疑的现代表达，由重视对观影者心理控制的技巧，演进为对剧中人物心理困惑的发掘展示。①

例如，他的《杀人回忆》和《母亲》都是十分出色的悬疑片。电影《杀人回忆》的故事取材于"华城连环强奸案"这个真实未解悬案。

① 杜剑峰，黎松知. 韩国电影导演创作论［M］. 北京：中国电影出版社，2008：220.

这为影片逻辑的推理和叙事的张力提供了坚实基础，取材的真实性首先在观众心中埋下了好奇的种子。随着电影情节的不断展开，不同派系的两位警察探案，在侦查过程中先后出现的嫌疑人，在案件调查中不断增加的遇害者，每一次逐渐明朗的线索都因为突发性意外戛然而止，破解悬念后也没有找出真凶，一切都回到了原点。悬疑情节不断叠加着影片的矛盾性和冲突性，在剧情的铺垫和渲染下，快速将观众代入电影情节发展中，促使其与剧中警察人物一样迫切想要捉住凶手。与《杀人回忆》不同，电影《母亲》是奉俊昊虚构的故事，这给他更广阔的创作空间，可以看出《母亲》作品更具奉俊昊的个人特色。母亲在案件的调查中没有警察的帮忙和专业的团队，比起《杀人回忆》的破案过程看起来更不靠谱。"突发性事件"的不断暴发打破了常规悬疑叙事的逻辑线，当母亲费尽心思兜兜转转最后发现儿子就是杀人凶手时，警察却转换目标将另一个人锁定为凶手。儿子得到释放，母亲走向崩溃，一切似乎都已发生却又无迹可寻。开放式的电影结尾与《杀人回忆》有着异曲同工之妙，影片并未给出答案和暗示，而是让观众自己去反复体会和琢磨，从而对母亲这个身份认知和定义有了更多理解。

奉俊昊巧妙地运用开放式悬念突破了传统类型片，让观众在享受紧张和欢愉过后依旧不得其解，带来意料之外的心理预期，使观众在观影后也能将电影中的感受延续到现实的生活之中进行思考，真切地体现了"艺术源于生活，又高于生活"的至理名言。能够从社会现实中挖掘电影素材表达了导演对社会、对现实进行观照的强烈意识，是其用自身擅长的方式改变不公、改变社会现状的努力①。

---

① 杨敏.韩国犯罪悬疑电影的叙事策略研究［D］.西安：西安建筑科技大学，2017.

2. 多重的叙事视点转换

叙事视点是构筑一部影片的基础，影片想要传达的思想取决于叙事视点的选择。奉俊昊电影作品的叙事视点大多选择第一人称，即以主人公的视点占据着主要部分，观众所获取的信息跟主人公是一样的，因此在这样一种限知视角的状态下很容易吸引观众的注意力，并带入整个影片所营造的情境当中，与主人公一起感同身受。这也就是"内聚焦叙事"，同时利用多个视点转换来带动情节走向和实现主题的升华。美国当代叙事学家华莱士·马丁指出："叙事视点不是作为一种传达情节给读者的附属物后加上去的，相反，在绝大多数现代叙事作品中，正是叙事视点创造了兴趣、悬念乃至情节本身。"① 在观影时，观众很容易作为旁观者对影片中的情节、人物进行观察，成为"看戏的人"。奉俊昊不甘于此，他在影片中大量使用人物正面的特写镜头，不但始终抗拒观影者以"旁观者"的身份，从侧面 45 度角安全地"窥视"客体，还给他们带来了强烈的逼迫感与临场焦虑。②

例如，奉俊昊最具代表性的视点转换是影片《杀人回忆》的结尾。剧中朴警官在多年后重返案发现场，从小女孩嘴里得知凶手长相"很普通"后，镜头切换运用面部特写表现出内心受到强烈冲击的朴警官，他双眼震惊并带有沉重与哀痛的情绪望向镜头外的观众。将叙事视点从朴警官第一人称视点变为观众的主观视点，让观众从旁观的角度变成接受警官情绪的接收者，直击观众的内心。多重视点改变了看与被看的关系，奉俊昊此举将案件带来的悲痛从影片延续到了现实社会。《汉江怪

---

① 华莱士·马丁. 当代叙事学 ［M］. 伍晓明，译. 北京：北京大学出版社，1990：158-159.

② 卢嬫. 两种直趋"真实"的途径：从《踏血寻梅》与《杀人回忆》看当代侦探电影叙事 ［J］. 上海艺术评论，2018（2）：94-97.

物》在叙事视点的选择上更加灵活多变，在以第一视点为主的感性认知下，导演采用主客观视点交替叙述，使电影能在短短两个小时内把不同主演人物性格变化的过程描述清楚。多角度交叉叙述，一面是跟随在怪物嘴下艰难生存的女孩朴贤瑞的视角，一面是为了救出女孩惊悚却又坚持与怪物正面抗衡的视角，加强观众对神秘怪物的惧怕以及角色之间情感交融的感受，调动观众跟随影片角色互动交流，并将电影中所反应的工业污染、美韩关系等社会现实问题联系起来进行深刻反思，增强了观众在观影过程中对叙事的沉浸感和独立思考性。《绑架门口狗》在视点选择上，前半部分视点主要为元俊，后半部分则为千男，元俊的懦弱残忍与千男的善良勇敢，主人公之间命运的交织让整部影片的情节发展形成强烈的对比和反差。

（二）叙事特征

类型化叙事易使影片出现相似性和模式化，创作内容浮于表面，奉俊昊在类型化叙事的电影创作的基础上不断加入自己的巧思，运用荒诞的黑色幽默、张弛有度的节奏设计以及对细节的极致追求，避免电影商业类型片浮于其表，其多样的叙事技巧和独特的美学风格征服了观众。

1. 夸张荒诞的黑色幽默

加里·奥德曼（Gary Oldman）认为，黑色幽默是一种"把痛苦与欢乐、异想天开的事实与平静得不相称的反应、残忍与柔情并列在一起的喜剧"。① 成长在 20 世纪 70 年代军政府暴力独裁压抑环境下的奉俊昊并没有变得悲观，而是在他的电影中试图以另一种方式来抒发和宣泄这种无力感。因而，在他的作品中总是渗透着这样一种独特的"黑色幽默"情感模式。他娴熟运用夸张荒诞的风格叙事，使故事在带有一

---

① 陈焜. 西方现代派文学研究［M］. 北京：北京大学出版社，1981：4.

种荒诞滑稽的同时具有沉重的复杂情感，以一种压抑无奈的自我嘲讽姿态表现出来，隐喻对现代社会发展批判的态度，让观众在笑过之后不由自主地去探究故事背后的真义。如《汉江怪物》中，大家都认为女孩死于怪物之口，康斗一家在追悼会上因相互责怪而激烈厮打，哭得撕心裂肺，大批记者却在一旁疯狂拍照，照相机声和闪光灯与打斗中的康斗一家形成强烈对比，折射现实社会人性冷漠的"看客"心理。超现实主义意味的荒诞式喜剧《绑架门口狗》中，被狗吠困扰的元俊在杀狗后，回家却发现妻子买了一只狗。《寄生虫》中，金基宇拿着有好运的石头去找雯光的丈夫一决高下，却被雯光的丈夫绊倒并用这块石头打晕。《杀人回忆》中，警方在查案时竟寻求神婆的帮助，并仅凭鞋印就判定光昊是凶手。《母亲》中，为了拿到振泰家里被母亲认为是杀人凶器的带血棒球杆，母亲躲在暗处忍受振泰与女友亲热，在将棒球杆带到警察局后却发现血迹只是振泰女友的唇印。《雪国列车》中，柯蒂斯在决斗中马上就要给敌人致命一击时却一脚踩到死鱼滑倒。当柯蒂斯和末尾车厢起义者们与刽子手厮杀时，因为新年的到来，刽子手们立刻停止厮杀并高举武器喊着"Happy New Year"。

奉俊昊在电影创作中很喜欢设定人物在关键时刻摔跤等没有任何征兆的反转搞笑行为，这让观众感觉到荒诞可笑。意外的剧情设计实际上打破了类型叙事的程式化，情节的转折改变了观众的期待视野，体现出奉俊昊突破传统叙事的创作策略。同时这些搞笑的不协调肢体行为看似消解了氛围的严肃性和紧张感，实际上表达了人物内心世界的崩溃与呐喊，以及对现实社会扭曲的不满与抨击。在黑色幽默的包装外壳下，传达的是现实社会愈发激烈的内部矛盾，是无视个人欲望、无法反抗阶层壁垒的悲剧命运，揭露了现实的残酷与人性之间的丑陋。

2. 张弛有度的节奏设计

一部影片是一个完整的艺术有机体，它是一棵树，当风吹起来的时候，树叶翻动着、奏响着。自然界的一切都像一棵树一样，有着生命的律动。[①] 影片想要吸引观众的注意力和不断往下看的欲望，节奏的把握至关重要，不仅要从视觉上还要从听觉上对观众的心理产生刺激和共鸣。一部优秀的电影作品在对节奏的把控和处理的要求上都是十分严格的，影片情节矛盾的发展、画面影像的运动、镜头的拍摄手法、镜头的剪辑手段、演员的心理形态及言语动作等都与节奏有着紧密的联系，牵一发而动全身。奉俊昊的电影类型多为悬疑、冒险，因此影片的节奏在剪辑处理上更为紧凑、具有张力。在《杀人回忆》中，奉俊昊展现了对节奏松弛有度的把控度，在传统类型片中加入个人化节奏设计。影片前半部分进展较为平缓细腻，后半部分危机重重，情节发展紧紧地抓住观众眼球。如在田野中发现第二具女尸的两分钟镜头，一镜到底的镜头语言将整个案发现场嘈杂、混乱无序的围观群众以及手忙脚乱的警察们进行了充分的展现。紧张快速的音乐节奏，镜头随着人物奔跑迅速切换，摇晃的画面、运机的速度和方向将节奏带入另一个极端。镜头和人物的移动，画面元素的不断丰富让镜头有了强烈的节奏感，从头至尾渲染着剧情的发展，使得观众将此前积蓄的恐惧心理提至顶峰后再次彻底释放，感染着观众的情绪。

3. 对细节的极致把控

奉俊昊是非常典型的细节控，自《杀人回忆》拍摄以来便获得"奉细节"的外号。他影片中的诸多细节传递着极大的信息量，为影片的发展埋下伏笔。奉俊昊对于细节的把控有其独到之处，表现在他对生

---

① 崔建楠. 第二条腿：电影声音造型 [J]. 电影艺术, 1986 (7): 48.

活每一处细节的捕捉和在影片中精心的还原设计。现实主义的小说、话剧，特别是影视艺术，要求细节真实，使读者或观众感到作品中展现的生活不仅酷似，而且就是生活。影片中生活细节的适当呈现不仅对于人物性格的塑造有着极大帮助，还能巧妙地推动情节的发展和情绪的渲染，让观众感同身受。如《母亲》中，母亲多次拿出的针灸盒既是忘记痛苦回忆的寄托，又是非法谋生的工具，到后面从儿子手中接过不小心遗落在自己犯罪现场的针灸盒，象征着她被救赎。在拍摄该电影时奉俊昊甚至长期住在村庄取景地中，对地形的研究能达到自画地图的程度。《雪国列车》中，列车上南宫被男主柯蒂斯救出来的第一件事是点燃一根万宝路香烟，香烟盒里的火柴也因此成为火种，为柯蒂斯在反抗死士时提供了关键的力量，并在最后炸毁列车门时做出了巨大贡献。在《汉江怪物》中，康斗为了给女儿换手机，把零钱一点一点积攒起来放在一个已经破旧不堪的方便面盒里，而装满硬币的方便面盒也在康斗一家逃离时成为救命之物。《绑架门口狗》中，萝卜干在影片中反复出现，老奶奶在屋顶晒的萝卜恰好阻止了男主第一次试图扔狗的举动，引发地下室藏狗、门卫大爷煮狗的一系列行为，而因失狗痛苦去世的老奶奶留给千男的财产是屋顶晒好的萝卜干，流浪汉把在奔跑中打翻在地的萝卜干整理好还给了千男，剧中普通不过的萝卜干成了故事情节前后呼应的关键存在。

奉俊昊对细节的用心正是影片成功的关键，无论是针灸盒、香烟盒里的火柴、方便面盒还是萝卜干，都是情节发展的阶段性标志，起到细小中震撼人心的效果。一部影片的故事内容也许会随时间的推移被人淡忘，但精彩细节会令人回味无穷。正是因为他对于细节的重视和暗示，让观众体会到电影所要表达的深层含义，增添了影片的人情味和叙事的独特魅力。

二、电影极具社会隐喻的主题表现方式

拥有社会学背景的奉俊昊善于将目光聚焦复杂的社会进程，抓住时代和民族特征，反映与普通人息息相关的社会热点和敏感问题，对当下现实的社会环境和历史发生的真实事件保持着高度的关注度，将底层人物的生活和情绪状态作为创作素材，传达影片主题与思想内涵。

（一）对社会问题的关注与折射

民族分裂和国家动荡，日本殖民统治、朝鲜战争和国家领导人等公权人士的腐败与不作为，一定程度上造成了韩国文化和传统的断层，引发了民众自我认同迷茫的危机意识。这种危机感激发韩国电影的求生欲和民族自尊心，将黑暗和压抑时代承受的哀乐情仇等民族情感注入韩国影视文化。拥有社会学背景的奉俊昊巧妙地将民族情感和社会隐喻融入主题之中，在商业片中埋藏着韩国民众对时代创痛的集体记忆，并不避讳呈现最真实的韩国社会。

如《绑架门口狗》中，主人公因不谙世事而失去评职称的机会，他回家后被妻子嫌弃以及因狗嚎叫被激怒而做出荒诞行为。影片背景设定在 21 世纪的开头，此时的韩国正遭受亚洲金融危机重创，导致青年的生活负担加大以及自我价值迷失的问题，使经历过这一时期的观众都能找到自己当时闯荡社会的影子。《杀人回忆》将连环杀人案的成因与当时军事独裁统治下人人自危的"社会特质"相结合，处处揭示出处于社会底层的小人物在时代洪流的漩涡中的压抑、无奈和悲愤，将大时代背景与小人物命运紧紧贴合在一起。《汉江怪物》的主题背景选定为美国人命令韩国科学家向废水沟倾倒福尔马林并排进汉江。这个来源于 2000 年美军驻韩时的真实事件，曾引起民众大规模示威游行，并引发

多名高官投江自尽。这些情节在影片中都有具体的表现。奉俊昊在每一部类型电影的外壳包裹下，在主题设置中饱含着导演对社会困境、历史文化乃至人与自然的思考，折射出韩国乃至整个东亚对文化背景和历史事件发展进程中自我身份的追溯。将"问题意识"和微妙的社会暗语、愚昧落后和欲望满身的复杂人性都赤条条地置于电影这一显微镜下，通过宏观叙事揭露出深刻的社会问题，自然而然地将观众带入特定的时代环境之中并产生共鸣，让眼中愚昧落后的景象变成灵魂的过滤器，凸显出奉俊昊强烈的社会问题意识。

（二）社会底层困难群体视点

奉俊昊对底层困难群体生活的关注异于常人，在其创作的电影中，主人公大多是不起眼、孤立无援且在社会大环境下寻找着自己的一席之地的边缘化人物。他善于将社会高压下生活的主人公，戏剧性地置之于绝境而后生，充分展现出寻求个体生命价值的"虚弱的人"所遭受的不公和人生困境。在奉俊昊创作的电影剧情中，人物处境与困境是整个社会困难群体的缩影，通过这些困难群体的目光与视角，所叙述的生活如此真实而有深远的意义。例如，《母亲》彰显出底层人物的生存困境，母亲为了残障儿子泰宇倾尽心血，帮儿子洗脱罪名的同时变为杀人凶手。即使是被赞美的母爱，也会在社会残酷的现实下迷失本性，付出畸形的母爱。《雪国列车》中，列车的第一节到最后一节车厢的强烈对比更为赤裸地将社会阶层矛盾铺展在观众面前。奉俊昊用一列载着所有人的永不停息的列车向观众展现出一个反乌托邦式的社会。男主带领反抗者与统治者对抗的行为无声宣告着他们对于自由、平等和人权的渴望，这也是这部电影向人们反映出的赤裸裸的现实问题。《杀人回忆》一改大众对警察形象的认知。在影片中，警察对案情推理过程的草率、审讯时肆意殴打并强迫嫌疑人说出警方想要的供词、对审判结果不满而示威的群众，都表达着奉俊昊所呼喊的人性关怀和政治诉求。《绑架门口狗》更是一场小人物对遭遇的不公和困境无声的呐喊，在喜剧的外壳下探讨现实社会中普通人生存的艰难。

（三）对人与自然关系的探讨

随着工业文明的飞速发展和城市化进程的加快，人们生活发生巨大变化的同时新的问题接踵而至，当机械轰鸣之声宣告着工业文明的来临时，人类掌握了空前未有的强大力量，以飞速的发展进行工业化生产。正如马克思所说的"资本主义在不到一百年的时间里所创造的物质财富超过之前人类社会创造的财富总和"。① 人类对自然环境的不断开发，使环境成为经济发展中需要重视的问题。奉俊昊具有强烈的社会责任感，对自然环境保护问题极为关注，创作的作品中多次暗示人与自然和谐相处的意义，包括对人类过度工业化的谴责，自然生物资源被大批量耗尽后极端生态环境下对人与自然的探讨，并以此作为电影主题进行深度探讨，让观众感受到社会各方面问题的折射。《汉江怪物》中的汉江是韩国的"生命线"，奉俊昊用他大胆的想象让汉江里变异出"怪物"，而怪物的诞生就是由于人们向汉江倾倒大量的福尔马林，最终自然受到污染，人类自食恶果。影片中被关进医院的康斗在偷吃鱼罐头时的特写镜头，可以看到罐头鱼的形状就像是迷你版"汉江怪物"，暗示出受到污染和变异的鱼远不止一条。影片中"怪物"的出现无疑在警示着人们，无视生态平衡、破坏环境只会后患无穷。《雪国列车》影片背景建构在人类开发化学制剂人造冷却物试图应对全球变暖却导致气温骤降、末日来临的设想上，隐喻本应是人类福祉的先进技术却因滥用对环境造

---

① 戴瑾. 冲突与和解：宫崎骏电影的环保主题［J］. 电影评介，2012（13）：17-18.

成的不可逆转的毁坏。相较于前两部残酷基调的影片,《玉子》是奉俊昊心中第一部"爱情电影",饱含着人与动物之间特殊的情感。影片中女孩美子与转基因动物"超级猪"玉子一起生活在世外桃源般的山林中,玉子形象一反"汉江怪物"的恐怖,成为被怜悯的对象,成为反抗却必定失败的被屠宰者。在影片后半部分,资本家欲对"超级猪"进行残忍屠杀,凸显资本家对动物的残忍,暗示资本家在利益面前对自然资源和动物的保护是淡然置之的。最后女孩和动物回归乡野间幸福生活,童话般的结局展现出奉俊昊对保护动物的美好愿景和环保意识的寄托。

在奉俊昊的电影中,观众可以看到在环境保护面前,资本以巨人的姿态强势压倒一切反对的声音。但真正面对自然灾难时,资本力量充其量只是螳臂当车。无论是汉江遭到污染还是全球变暖问题都是奉俊昊对环境隐患极大的担忧。从电影中可以看到,无论是世界末日还是动物变异,一切灾难的根源正是人类自己埋下的炸弹。在全球化的今天,经济发展与环境保护的冲突早已跨越国界和种族的藩篱,成为我们必须要面对的现实。

三、奉俊昊电影的国际化道路

能够在口碑和票房上双双获得好评的奉俊昊电影,其电影的商业化和艺术性之间有必然的关联。他将现实题材完美融入商业电影之中,既通过商业片框架保障票房的价值,引发观众的观影兴趣,又用精彩的内容和深刻的价值观念延续影片的话题性,具有极佳的观影体验,引发大众对社会问题深层次的共鸣与对现实问题的深刻反思。

(一)民族文化内涵与西方文化的巧妙结合

韩国电影工业曾在很长一段时间里受到美国的压迫,自 20 世纪 90

年代初期开始美国电影湮没韩国市场。植根在韩国民众骨子里的对于本土文化的自觉保护和自身文化高度认同的这种强烈观念促发其在艺术表达上的迸发与火花。面对如此强势的文化霸权，20 世纪末成长起来的奉俊昊一边接受着韩国最传统家庭教育的熏陶和影响，对韩国文化有着深厚的情感；一边深受西方文化的影响。奉俊昊没有局限于国内的电影市场，他把目光投向了好莱坞。他清楚地知道仅仅死守民族主义，韩国电影无法走入国际市场，因此在电影创作中他更愿意融合多元文化和以多样化方式去呈现影片内涵。电影《雪国列车》成功闯入了好莱坞主流电影市场，其收入几乎与以往韩国影坛一年时间里所有影片的出口版税收入总和相当。我们既能在奉俊昊的电影中看到把握住历史脉络、唤醒共同情感的民族化书写，又能看到希区柯克式的惊悚以及酣畅淋漓的西方大片式场面。在全球化的对话交流中，奉俊昊能够游刃有余地穿插其中发出自己的声音。影片中文化多元化表达，正是因为他的电影作品将东方本土文化的原生性和西方文化的外来性绝妙地融合在一起，在与西方后殖民主义进行话语霸权对抗时，彰显出本国的民族文化的战略家意识。如果想要拍出具有一定国际认同的知名作品，电影中文化多重性表达以及文化隔阂的消弭和兼容并蓄势在必行。

（二）艺术本土化与好莱坞商业化模式结合

2006 年，韩国政府通过了缩减电影配额制的试行令改进案，导致韩国电影进入了停滞期，同时电影的收益率逐年下降，到了"外强中干"的地步。① 为发展韩国电影，参与国际电影的合拍制作在一定程度上缓解了电影的制作风险和成本，这进一步扩大了韩国电影的海外市场

---

① 郑方圆. 21 世纪以来"忠武路"的电影嬗变：以奉俊昊的电影之路为切入点 [J]. 中国民族博览，2020（15）：102-104.

和出口量。韩国电影的创作并不避讳"拿来主义",他们在不断尝试融合来自国外的许多电影类型和风格。奉俊昊与好莱坞合作的《雪国列车》《玉子》都具有好莱坞大片类型的商业外壳、国际大牌明星云集、惊心动魄的打斗场面等。在借鉴了好莱坞模式的同时,奉俊昊并非一味模仿复制,而是有意识地将其进行本土化移植,注入民族归属感。电影艺术面对商品经济这个客观的社会现实,在广泛接受的层面上找到自己的艺术定位和价值存在。[①] 运用社会学视角将韩国民族伤痕深埋在商业片中,敏锐洞察社会底层人物的人性,把握历史和人生阅历之间的联系。我们能看到电影中战胜"怪物"的并非个人英雄而是一个普通家庭,末日世界里解放人类、释放希望的不是美国人而是一个由韩国小女孩扮演的亚洲面孔。在奉俊昊的声音制作上,电影《寄生虫》沿袭了好莱坞工艺,前期拍摄采用好莱坞水准级别的 4K 声音工艺和杜比全景声技术,剪辑阶段进行了多层声音设计,剪辑师与声音设计师相互合作,这种好莱坞式的声音设计工序让奉俊昊的影片更加商业化、国际化。为了展现基宇一家所住的半地下室环境,影片开场的两分钟内就可以听到层次丰富的声效设计,汽车驶过的轰鸣声、邻居的嘈杂喧嚣声、自行车的按铃声、流浪猫狗的叫声,以及邻居的冲洗厕所声,在开场就营造出基宇一家恶劣的生存环境。《寄生虫》在成功获得韩国首届戛纳电影节最高奖项的背后,显示出的是成熟的电影制作水平和资本运作方式。

奉俊昊面对全球化的进程与文化市场的多变,一直保持着谦卑的态度,脚踏实地地迈好每一步,从始至终把握着韩国民族文化的本土特色以及对社会的不断深思,面对当今市场保持初心、坚持类型模式与作者

①　王丽华. 商品经济与电影艺术的美学追求 [J]. 南京师大学报（社会科学版）, 1995 (3)：106-108.

策略的融合，并在此基础上关注社会问题，关怀社会边缘人群。他在类型化生产之际又融入个人创作风格，以及对他所观察到的社会问题和想向社会传达的思考，如《雪国列车》赤裸地展现出社会阶层极大差距的矛盾，《汉江怪物》对韩国"民众身份"的重新审视，《母亲》批判父权家长制度下女性的悲剧意识。奉俊昊不限制自己的电影类型，他接纳新技术、新事物，借助科技与算法的能力更大程度地赋能自己的创作力，并在此基础上保持自己作为一个导演的独创性，在影视道路上坚持探索，保持风格，对视听表达始终抱有赤诚，其作品在携带深刻的个人风格意蕴时又不失市场需求，体现出作者在沿袭传统类型化叙事的基础上，对电影创作的个性追求与情感表达，赋予电影新的时代意义。

奉俊昊在电影创作中找到了商业性与艺术性二者相平衡、统一的道路。这是电影发展具有长久生命力的重要条件。将类型化生产与社会性议题两者糅杂，使其更具有广泛传播的可能，才能在"速食主义"时代获得影视学者和普通观众的关注与喜爱。奉俊昊的责任感和对艺术的不断探索，将电影艺术、媒介、产业属性结合起来，使艺术与商业更好地融合，带给观众绝佳的视听盛宴，打造出属于韩国电影独特的文化风格，在世界民族影视中有着较大影响力。奉俊昊电影的成功为中国国内电影的国际化发展带来了一定的借鉴：创作要避免主题的肤浅和内容的缺失，影片要重视对国家本土民族文化和特色的挖掘，引入人文思考与社会现实问题意识，反映电影中所要表达的主旨，在此基础上加入优良的商业思维，兼顾大众文化生产与电影内容的完美衔接，打造符合本国文化与底蕴的优质市场化电影，使电影的可观赏性和社会影响发挥到极致。

第六章　新媒体语境下中韩影视制播模式研究

新媒体时代下，传统影视作品的制作和传播方式（制播模式）受到了很大的影响。新的播放模式是伴随新媒体的诞生创造的，在为影视产业的发展注入活力的同时，面临着前所未有的巨大挑战。中国作为一个消费大国，有着巨大的电影市场。了解国外影视行业的制播现状，分析其中存在的差异，可以为我国新媒体时代下影视行业的发展提供新的视野。

第一节　新媒体平台出现对影视制播模式的影响

近年来，受到新媒体技术的发展和影响，新媒体播放平台越来越呈现多样化的趋势。从传统的电视台到基于互联网平台的新媒体，作为现代影视产业的重要组成部分，电视剧的拍摄数量较之前有了大幅度的下降。受我国影视行业监管政策的影响，2018 年我国电视剧播出数量为113 部，而 2019 年上半年新播国产电视剧仅有 72 部。广电总局（中华人民共和国国家广播电视总局）公布"限韩禁令"以后，2018 年我国进口韩国电视剧播出部数仅有 0.08 部。

一、新媒体平台对用户习惯的影响

用户的需求、物联网的广泛应用、大屏幕的日益普及和视频显示技术的发展，将新媒体视频推向了一个新的高潮。随着收入的不断增长，用户正逐步扩大对各种形式内容视频的消费，对主题和形式的广度、内容质量的要求也越来越高。网络视频主要有两大内容来源：一是以 YouTube（美国一家视频网站）为代表的用户自制内容，具有更高的创新性和分享性的短视频；二是以爱奇艺（国内视频网站）为代表的专业制作内容，如《余罪》这类经过专业制作而成的影视作品，通常具有较高的艺术美学和娱乐特性。

2021 年第三季度，哔哩哔哩（Bilibili，简称 B 站）的月均活跃用户达 2.67 亿，同比增长 35%。行业领跑者 YouTube 曾指出，视频的推荐算法只为达到让用户在平台上逗留更长时间的目的。现在 B 站已经做到了，用户日均使用时长达 88 分钟，社区活跃度和黏性也在不断提升，创历史新高。作为传统播放平台的电视平台，近年来"制播分离"模式成为其主要的探索方向，而"制播一体"则成为网络流媒体平台成功的重要模式。流媒体平台的发展，在为影视剧产业注入源源新鲜血液的同时，为传统影视平台带来了更大的压力。国家政策的缩紧、网络视频用户不断提高，在大环境下，影视剧产业该如何继续良性发展呢？

二、新媒体对影视行业影响研究

(一) 美国成熟的制播模式

好莱坞拥有着一整套成熟的制片厂制度，其模式构筑的制播一体化，从故事策划到拍摄发行，每一环节都有明确的分工。在这种模式中，监制作为核心，全权负责故事构思、演员选择、后期制作等，而编剧、导演等全部是为监制服务的。同时，院线窗口期是好莱坞制片厂一直坚持的发行模式。影片会在院线停留 3~6 个月，上映初期观众只能到影院购票观看，6 个月后影片才会登陆其他视频平台。① 流媒体平台也反过来影响着院线窗口期，使院线窗口期逐年缩减。美剧主要采用边拍边播制播一体的模式，生产一部电视剧的流程分工清晰，从投资立项到筛选剧本再到试制试播有一套成熟的体系。各大电视网会在第一年九月开始筹备下一年需要拍摄的电视剧，次年各电视网会从其中选出 100 个进行剧本发展，并进行初期的版权投资。一般是按照以往丰富的决策经验，挑选出符合本台观众普遍喜好、适应广告商要求、具有续订价值以及海外版权价值并有相对合理制作成本的剧本。② 据此，各电视网会挑选 25~30 个剧本进入试制试播流程。随后开始正式对这些剧本进行试播集制作。经过一套完整的评估体系，结合前期的调研，降低投资风险，确保播放的收视率。经过一轮严格筛选后的剧集，可以正式获得电视网的订单，签署后开始着手拍摄。剧集正式播放前，制作公司往往会提前完成 4~5 集的备播量，剩下的则会在播出期间根据观众的反应选择是否继续进行拍摄制作。

---

① 江扬. 浅析互动媒体艺术的主题类型与基本特征、艺术与技术、思想与科学的新探索 [J]. 北京电影学院学报，2008（4）：39-44.

② 刘世文. 论新媒体艺术的互动参与性美学特征 [J]. 东方论坛，2013（6）：89-92.

一个剧集是否继续播放或者是否获得下一季的续订，取决于开播后该剧的收视率好坏。电视网更多的是可以持续更新许多季的剧集，其本质是通过视频内容来吸引观众订阅。为了降低风险，多数公司都会采取边拍边播的模式。

通过制播一体模式，电视网减轻了自身的负担，降低了电视剧制作公司的风险，在收视率波动不大的情况下还可以根据观众的反应做出及时调整，创作出更高质量的作品。随着网络视频用户规模的扩大，有线电视的收视率不断降低，各大流媒体平台间的竞争日益激烈。①

（二）新媒体影响下美国的成功案例

成立于 1997 年的美国 Netflix（美国奈飞公司）公司，一直在流媒体视频行业中领头。通过免费快递信封，用户实现了早期 Netflix 库存的大量 DVD 的租赁及归还。通过与电视网接触，Netflix 购买了相关旧电视节目和电影的版权，人们可以从 Netflix 订购一些从其他音像店找不到的影视剧，电视网和电影制片厂也可以从这些销售中赚取一些额外的利润。2007 年，Netflix 开始提供在线流媒体服务。与此同时，液晶电视的普及，流媒体内容开始从 Netflix 直接传输到电视大屏。2008 年受经济危机的影响，美国人的娱乐开支总体呈现下降趋势。此时在 Netflix 上看视频要比去电影院费用低廉，这让 Netflix 成为美国多数家庭的娱乐来源。

Netflix 在 2013 年制作第一部原创电视剧集——《纸牌屋》。在第一季播出时他们又采取了另一项创新举措，他们直接发布了整个剧集。与传统的电视网不同，Netflix 意识到他们可以同时播放所有剧集，这样他

---

① 巫岳峰. 基于新媒体背景下展示设计中的交互设计研究 [J]. 大众文艺, 2018
（21）：96.

们的订户就可以直接观看整季剧集。《纸牌屋》的巨大成功催生了其他新作品。在 TV Time（《电视时代》周刊）公布的最新调查中，流媒体原创剧 20 强中，Netflix 占据了其中的 19 席，唯一一部非 Netflix 剧集是 Hulu（美国一家视频网站）的《使女的故事》。

除了制作自己的电视内容外，Netflix 还投资了智能软件，跟踪订户的观看习惯，并为他们提供量身定制的建议以供进一步观看。因此，Netflix 用户不必浪费时间在大量目录中进行搜索，可以简单地观看推荐的内容，根据他们的观看偏好用户会获得非常准确的推荐。截至 2019 年年底，Netflix 内容资产高达 245 亿美元，其中自制内容达 98 亿美元，授权内容 147 亿美元，后者占比依旧很大。① 而原创内容，虽然整体占比也有一半，但是正式上线的原创内容占比依旧很小，同时原创内容的制作难度更大。

作为流媒体的核心竞争力，Netflix 表示，希望版权内容资产和原创内容资产的比例达到 1：1。2013 年推出爆款作品《纸牌屋》后，Netflix 重点将原创剧集作为其开拓的核心业务，在英国、西班牙相继建立了制片基地，推出了西班牙语、德语、意大利语剧集。2019 年 Netflix 推出的自制动画就高达 30 部，原创剧集占据了总数的 2/3。近几年，传统电视网以及其他厂商也相继推出了自己的流媒体服务。目前美国的流媒体视频平台主要包括 Netflix、Amazon Prime Video、Hulu 三巨头，HBO、NBC 等传统电视网公司，也有新入场的 Disney+、Apple TV+、YouTube Premium 等新玩家。② 流媒体平台为好莱坞大片厂的院线电影提供了全新的、更灵活的数字发行模式。Netflix 作为龙头老大，截止到

---

① 刘世文. 论新媒体艺术的互动参与性美学特征 [J]. 东方论坛，2013（6）：89-92.
② 朱威. 新媒体展示设计中的交互设计方法与应用 [J]. 艺术科技，2018，31（12）：93-94.

2019 年，年度用户留存率最高，约为 66%，其次是 Hulu，为 53%。

流媒体平台近年来也加大了对原创电影的投资。如何打造更多类型、更为多样细分的优质内容，成为目前 Netflix 的主要诉求。仅仅在 2019 年第四季度，Netflix 就有大量的电影上架，其中包括大制作动作电影《地下 6 号》《婚姻故事》以及《教宗的承继》。Netflix 出品的电影《罗马》，共计获得 120 项提名与奖项，使得《罗马》成为 2019 年最受瞩目的电影之一，这也成为流媒体平台冲击好莱坞传统制片公司的标志。流媒体的发展为美国影视剧行业的发展带来了巨大的动力，也为传统电视网、电影制片公司带来了巨大的压力。

（三）国内 UGC 平台分析

PPC（Pay Per Click 的缩写，即点击付费广告）平台通常是借助会员订阅和版权交易进行盈利，而这也是 UGC（User Generated Content 的缩写，即用户原创内容）平台盈利的难题。在 UGC 平台，仅依靠广告收入是难以维持网站运行的。[①] 以 B 站为例，2019 年第三季度月均付费用户同比增长 59%，付费率提升至 8.9%，但净亏损仍达 16.2 亿元，当下国内主动为内容付费的用户还是少数。B 站亏损还有一个原因就是大量的创作激励和版权内容的购买与制作。早在 2017 年，B 站拥有大量用户，但没广告也没会员，导致大量的流量无法变现。随着 B 站推出大会员，用户可以付费观看 1080P60 帧（视频分辨率表达方式）的视频。会员付费和广告收入成为大部分 UGC 平台的主要收入来源之一。[②] 通过拓展优质的内容，B 站大大加强了用户黏性，同时延长了用户在平

---

① 韦艳丽，钱朝阳，张懿丹. 认知模式下新媒体艺术交互形式研究 [J]. 艺术百家，2017，33（1）：235-236.

② 巫岳峰. 基于新媒体背景下展示设计中的交互设计研究 [J]. 大众文艺，2018（21）：96.

台逗留的时间。除了前面所提到的购买大量版权内容和原创番剧，B 站还推出了"创作激励计划"和"新星计划"，这一计划为参与者服务。也就是那些持续产出优质原创内容的 UP 主（UP 是 upload 简称，意为上传者）们，能够通过制作视频与投稿获得 B 站给予的创作激励金，从而提高视频制作者的制作热情。

第二节　影视剧制播环境差异下国内平台的发展

一、文化与制度差异下国内流媒体平台发展近况

国内对于影视剧作品的审核要求一直都较为严格。按照先审后播的制度，首先须拍完一整季送审，通过专家审核后才能播出。随着互联网视频平台的发展，国内主流视频平台为了彰显自己的内容优势，都在持续购买版权播放海外剧。诸如 Netflix 旗下的《黑镜》《怪奇物语》，HBO 旗下的《权力的游戏》《西部世界》等高质量美剧都已经引入中国。同样，对于边拍边播的海外剧集，国内观众想要观看正版只能等完整一季播完才能看到。近年来受"限外令"的影响，电影进口配额制度使得每年能够进入国内的海外影视剧数量不多，这也为国内 PPC 平台的崛起提供了有利条件。但是国内所有的影视剧都是面向全龄段的，所以少有触及情色、恐怖、暴力和政治敏感题材的影视剧作品，剧本题材的限制使得现象级的影视作品少之又少。

经济社会的不断进步、数字化及互联网的迅速更新换代，使得网络视听节目行业得到了空前的发展。2020 年中国网络视听用户达到了9.01 亿人，使用率为 95.8%。新的题材、拍摄技术、表达方式、播放模式乃至广告的植入方式都在不断地革新着传统电视剧制作领域的

"旧传统"。

近年来，越来越多的资本涌入网络剧市场，水平参差不齐的团队制作网络剧并在视频网站播出。这种制播分离的模式在带来海量新剧的同时，也使大量制作低劣的网络剧涌入市场，这一现象很大程度上是受国内审核方式的影响。我国电视剧施行专审制，而网络剧则实行自审制①。相对于专审制，网络剧的审核方式相对宽松，而网络剧更是利用"自审自播"的审核漏洞，大打血腥暴力、色情粗俗的擦边球。

在电影方面，早在 1999 年，我国就对电影集团化改革实行制播一体化，整合制片、发行、放映三个环节。近年来国家对制片主体的规定放宽，拓展了电影的融资渠道。发行方面实行院线制，一个发行主体以资本和供片为纽带同若干影院组合，统一进行排片、经营和管理。进口影片方面，我国对进口影视剧作品审查标准高，而且对每年进口影片数量严格把控，从而有效保护了国产影片的发展空间。

二、国内流媒体平台的转型

2006 年前后，国内的视频"分享"网站还在模仿 YouTube，而现在则是模仿 Netflix。虽然在 B 站可以看到一些海外影视剧以及 B 站制播的纪录片、动画，但 B 站的核心价值是高质量的自媒体内容。通过订阅模式增加用户黏性，不仅是用户之间的互动、UP 主（上传者）与"粉丝"（追星族，网络用语）之间的互动（评论、点赞、分享等），同时包括创作者与创作者之间的互动。例如，通过剪辑和二次创作，把人设放进自己编导的桥段里，将现存的作品创作成全新的作品。这种原创视频再创作后的衍生视频，除了带来巨大的播放量，同时带来了不可比

---

① 江扬. 浅析互动媒体艺术的主题类型与基本特征、艺术与技术、思想与科学的新探索［J］. 北京电影学院学报，2008（4）：39-44.

拟的用户黏性。其他所谓的视频"分享"网站大多转型成了影视剧的点播网站，因为这更符合目前主流受众的需求。

爱奇艺从 2016 年起开始发力原创内容。2020 年爱奇艺总营收达 297 亿元。其实截止到 2018 年，爱奇艺的原创内容资产就达到了 37.36 亿元。近年来，原创内容资产的投入一直呈上升的趋势。一部作品能否被大众所接受，往往取决于剧本的好坏。对于流媒体平台来说，核心收益是用户付费、自制内容的质量与合理的价格体系。设置付费是因为平台向版权方购买了某些影视作品的版权，视频网站通过这种形式也可以增加自己的盈利能力。推出高质量的付费内容，培养用户版权意识，也有助于推动影视剧行业正向发展。

三、内容付费权衡

在当前，越来越多的人开始为内容付费，但是视频网站的"吃相"却愈发难看。例如，在热播剧结局上映期间，有视频网站推出 VIP 超前点播服务，在 VIP 提前看六集的基础上，对剩余剧集每集售价 6 元，会员可以单集付费，也可以直接花 30 元"特惠价"观看至大结局。而非 VIP 用户想要享受超前点播服务则需要先开通 VIP 服务，VIP 演变成了下一层付费的门槛。这种 VIP 再氪金的行为激发了很多用户的不满。从某种程度上说，这种行为导致了热播剧集及超前点播内容盗版泛滥的局面。

围绕订阅会员服务模式，爱奇艺在 2020 年推出两个关键举措，一是推出星钻 VIP 会员，二是进行了 9 年来黄金 VIP 会员价格的首次上调。截至 2020 年第四季度末，爱奇艺的订阅会员规模达 1.02 亿。从营收角度来看，2020 年第四季度，爱奇艺会员服务收入同比下降 1%；全年会员服务营收较 2019 年增长 14%。爱奇艺希望通过上调会员费价格进一步拉动营收增长，为爱奇艺止亏为盈贡献更多力量。但这会迎来新的问题：用户能否接受？未来是否会出现付费用户流失的现象？目前爱奇艺黄金会员包月价格是 25 元/月，购买包年会员月均价格为 18.2 元。除了包年折扣、连续包月折扣以及新用户首月折扣外，爱奇艺还联手其他品牌推出联合会员模式，使得用户每月真正付出的会员费远低于 25 元。从 2016 年开始，爱奇艺付费用户增长逐渐转向平台的独占原创内容。在影视剧、综艺节目等多领域的同时发力下，爱奇艺独播了《延禧攻略》等热门电视剧以及爆款综艺节目，使得内容的制作成本也在迅速攀升。

在内容为王的时代，抢占流量入口和热门 IP 固然重要，但良好的内容才是持续提高用户黏性、增加付费用户可能的强有力支撑。

四、流媒体平台逐渐走向制播一体

中外流媒体平台付费标准差异巨大，原因在于各自长期形成的用户习惯和服务。以 Netflix 为例，9.99、17.99 美元每月的定价确实比国内贵出很多，但深入分析，除去中美人均收入的差距，用户可获得的服务和内容质量以及丰富程度的差异是巨大的。17.99 美元的套餐可以允许 5 名成员同时观看"4K"高清内容，完全无广告且每个成员拥有独立的智能推荐以及海量的高品质片源库。相比之下国内爱奇艺、腾讯之类的视频网站，付费用户大多获得的是去广告、会员提前看之类的特权，大量所谓"4K""蓝光"标签的影视剧名不副实，实际内容码率极低且存在码率虚标的现象。

随着影视剧行业逐步成熟，各流媒体平台在垂直领域细分更加清晰。各大平台用雄厚的资金和专业的目光选择优质剧本进行投资，拍出高质量影视剧作品的同时，加强用户的体验设计，使推荐更加智能化、个性化。细分付费会员制度，增加优质会员，使观众在不额外付费的情况下可以观看更好的资源库。

流媒体的竞争并非"零和游戏"，不断优化服务并持续推出优质的内容才是正确的选择。同时，建立健全影视作品版权交易平台，可以使影视作品的版权保护和版权经济价值之间形成良性循环。通过平台间交易使盈利方式更加丰富，也利于扩充各家优质资源库。

第三节　中韩影视的制播模式比较研究

韩国作为电视剧产业的强国之一，其电视剧是国家文化对外传播的重要途径，通过多年的发展已形成了优质的电视剧产业链。相对于韩国，我国电视剧产业无论是在制作模式还是在对外传播上都具有一定的不成熟性。这里我们通过对中韩电视剧制作与播放模式的对比分析，为中国电视剧产业的未来发展提供些许借鉴。

电视剧作为文化传播的载体，同时是文化产业的重要组成部分，承担着对外传播文化的责任。制播模式是电视剧制作中的重点内容，是指电视剧制作与播放的基本方式，包括了制播分离、制播同步、审查制度等，是一部电视剧成功的关键因素，所以对优质制播模式的研究是必不可少的。

近年来，"韩剧热"在亚洲地区乃至全球范围内呈迅猛发展态势，韩国电视剧以其题材创新、制作精良获得了海内外观众的关注，其中也包括了大量的中国"粉丝"。同时，随着韩剧的播出，相关衍生产品也为产业链带来了巨大利润。反观我国电视剧产业的发展，还处于不成熟阶段，部分作品题材重复、剧情低俗、高额片酬、衍生环节缺失等都是突出问题。因此，我们更应该积极分析研究韩国电视剧的制播模式，取其值得借鉴的制度和经验，更好地为我国影视产业的发展而服务。

一、韩国电视剧制作与播放模式

自 1997 年第一部韩国电视剧引进中国，国内掀起的"韩流"热潮使韩剧正式进入中国市场。从《爱情是什么》到《大长今》再到《请回答 1988》，韩剧在中国电视剧市场占据的比例在逐渐增加。近几年《来自星星的你》《爱的迫降》等电视剧，以其新颖的题材、优良的制作再次引爆"韩流风"，取得了傲人的成绩。

（一）制播同步模式概念

韩国电视剧大多数都是采用制播同步的模式。一部新剧一般做出 4 集左右便投入市场，随后根据观众的观看反响及时调整接下来的剧情走向。这种模式有利于抓住观众的心理，满足观众的观影需求。例如，《奶酪陷阱》，中期男主的戏份较少，观众便提出了希望增加男主戏份的实时反馈。编剧在接收到反馈后及时调整剧情，增加了男主的戏份，满足了观众需求，这就是制播同步模式的灵活之处。一部剧在试播阶段反响好，制作方便会加大对该剧的投资力度，甚至延长播放集数。同理，如果试播阶段收视率低，直接停更也是制作方及时止损的方法。

（二）制播同步模式的制作环境

制播同步模式对整个制作团队的要求极高，需要各个部门协调配合。其中导演和编剧属于团队的灵魂人物，导演负责把握整部剧的艺术基调和风格，是艺术创作上的指挥官。演员、美术、摄影、后期等都需要根据导演提出的总要求进行创作。韩国的导演与制片人往往由一人担任，这种形式有利于对电视剧整体制作的把控，防止产生由于制片人与导演意见不同而带来的进度问题。

编剧是贯穿整个电视剧的核心，肩负着注入思想、推动剧情发展的重任，这也是一部韩剧能够成功拓展海外市场的决定性因素，因此在韩国的文化产业政策中，编剧站到了中心位置。其中韩国的《著作权法》对编剧应获得的稿费进行了详细的规定，包括规定重播费用是剧本稿费的 30%，而重播后再播是稿费的 15% 等。如果输出给国外电视台，则需要向编剧支付供应金额的 3.5%。编剧的待遇如此高，也就意味着需要承担更多的责任。在边拍边播的情况下，要求编剧必须有极强的业务能力，在随时的变化中把握住剧情的基本方向。因此在韩国，编剧一般由四个人组成一个团队，从初级编剧到高级编剧分工明确，从整理资料到筛选再到初步确定框架一般由前三级编剧完成，最终由高级编剧确定电视剧的主题和制作方向。在短时间编排完成剧本后，快速进入制作阶段，这个阶段需要演员、导演、后期等人员的高度配合，这也是一部韩剧成功的因素之一。

韩国规定电视台要将 40% 的广告收入投入到电视剧制作上，这也是保障电视剧质量的重要举措。同时将演员的薪酬控制在一定的范围内，拒绝出现天价片酬的明星，为出精品保驾护航。由此可见，国家的政策支持是韩剧成功的强大推动力。

（三）制播同步模式的宣传推广

海外市场的开发一直都是韩剧至关重要的一环。通过韩剧的对外输出，韩国传播民族文化，同时带动韩国文化产业的繁荣发展。韩国与中国同属亚洲文化圈，地理环境和文化都有相似之处，所以我国在韩国电视剧的对外传播中承担了重要的角色。20 世纪 60 年代，韩国政府提出了"文化立国"政策，在提升国民文化自信的同时，应对外来文化的入侵。到了 20 世纪 80 年代，政府又对文化产业提出了一系列政策。大力支持电视剧等产业出口国外，让电视剧成功走出国门，为后来开辟广阔的海外市场打下了坚实的基础。由于外国民众对韩国文化知之甚少，通过电视剧中表现出的生活方式、饮食习惯、文明礼仪等了解这个国家，是韩国民族文化对外传播的重要途径。

网络的飞速发展给电视剧的传播带来了新机遇。韩国借助各视频网站将韩剧推出国门，通过电视剧不同的题材和剧情设定，将民族文化嵌入其中进行传播。为了能够在中国获得高收视率，韩国电视剧从演员到道具都做了大量的研究。在电视剧对外播出时，明星的海外知名度也是重要因素。从《大长今》中的李英爱到《太阳的后裔》中的宋慧乔，一代接一代的明星通过公司的宣传包装走出国门，提高海外知名度和国际影响力。在此前提下，明星参演的电视剧一经播出，便会受到国际"粉丝"的高度关注，快速积攒人气，扩大宣传力度。

同时，在电视剧热播阶段推出一系列的衍生产品，并配有相关的购买平台，可满足观众追剧时的消费欲望，如同款服饰、同款彩妆、剧中美食、拍摄地旅游等。例如，在韩剧《想你》中，女主尹恩惠用的一款口红，随着电视剧的热播瞬间红满了大街小巷，受到了追剧女孩的热衷。同款口红以及各个品牌的相似色都瞬间售空，以至于到现在这种具有代表性的玫红色都被称为"想你色"。同样还有《太阳的后裔》，剧中宋慧乔使用的兰芝口红也一度热销。韩剧十分重视人物的造型设计，在《她很漂亮》中女二的短发造型直接掀起了女生的短发潮流，她在剧中的穿搭也成为当时时尚女孩的模板，带动了剧中服饰的销售量。除了角色服饰造型外，韩剧的众多拍摄地也成为旅游胜地。《太阳的后裔》中的咖啡厅、《拥抱太阳的月亮》中的韩国民俗村等取景地都成了著名的游客打卡地。

中国是韩剧在海外的主要市场，受到韩国的高度重视。在剧本创作和拍摄过程中往往会考虑诸多的中国元素，以加强中国观众的认同感。例如，在剧中出现汉字、中国书籍、中国企业等，都是其为了抓住中国观众的心理而做的设计。

（四）新制播分离模式的探索

随着中国对引进剧的审批制度的修订，一些韩剧为了适应变化和寻求新的突破，相继在制播模式上做出转变。2016 年火爆的《太阳的后裔》便是一次模式改变的尝试，它将传统的"边拍边播"模式改为"先拍后播"，剧集全部拍完后再引入中国。相较于之前的全部播完再引进中国来说，"先拍后播"实现了中韩两地的同步播出，这一变革对当时国内独家播出平台爱奇艺的影响巨大。电视剧的火爆，为爱奇艺带来了极大的关注度和播放量。剧播同时，爱奇艺商城开通了剧中同款商品的售卖，可谓是赚得盆满钵满。《太阳的后裔》制播模式的创新，为今后中韩电视剧的合作提供了新思路和参考。[①]

二、中国电视剧制作与播放模式

中国电视剧的产量巨大。据统计，2020 年中国电视剧的备案数量为 688 部，其中获得发行许可证的有 159 部。虽然精品电视剧在数量上呈减少趋势，但总体上依旧是电视剧生产大国。从制播模式上来说，从1958 年第一部电视剧诞生至今，我国电视剧产业经历了从"制播同步"到"制播分离"的过程，目前定格在"制播分离"的模式上，这也符合中国电视剧的审查制度。

---

① 刘霞，肖爱华，吴迪，等. 从韩剧《太阳的后裔》制播模式创新看中韩影视文化合作的发展趋势 [J]. 职业技术，2016，15（9）：95-96.

（一）"制播同步"到"制播分离"

早期由于剧本设定和拍摄条件的限制，我国电视剧采用边拍边播的模式，如《西游记》的拍摄前后共耗时 6 年，从 1982 年春节开拍，其间根据播出时的观众反馈，不断地调整剧本。这样的一个时间跨度放在今天的电视剧制作上是难以想象的。除了时间跨度大以外，取景地跨度也极大，该剧单在国内的取景就遍布半个中国，此外更是远到泰国进行实地拍摄，所以根本无法短时间内完成拍摄。在各种拍摄装备和后期技术不成熟的情况下，每完成一集都要花费相当长的时间。虽然《西游记》取得了全国人民的好评，无疑是一部成功的作品，但是随着社会的发展，电视机与电视频道的增多，人们对电视剧的需求越来越大，边拍边播的形式已经无法满足观众的需求。同时，政府出台的电视剧审查政策，推动了先拍再播"制播分离"模式的出现。

（二）制播分离的发展

现今，中国电视剧采用"制播分离"的模式，即先拍后播。在中国严格的电视剧审查制度下，先拍后播既符合制度要求，也实现了电视剧产量直线上升。在 1983 年，中国电视剧年产量达 500 多集，到 1990 年更是达 5000 集之多，在数量和类型上满足了观众的需求，扩大了观众自主选择的范围。虽然先拍后播符合过审要求，但也反映出了一些弊端。例如，拍完的电视剧没有经过市场的评定，会存在不符合市场要求的风险，导致收视率惨淡。这种情况对整个制作团队和播出平台来说都是巨额的损失。所以在电视剧开拍前对剧本选择、市场调研都极其重要。

对电视剧制作方来说，如果前期选题恰当，先拍后播的形式占有一定的优势。在剧本修改、团队拍摄、后期特效和宣传发行上都有充裕的时间，这种制播模式下不愁出不了精品。事实证明，在中国多年的电视剧市场中的确涌现了大量的优秀作品。其中，现代剧有以家庭爱情为线索的《父母爱情》，有根据革命军人李云龙的战争经历拍摄的战争片《亮剑》，有讲述家族恩怨纷争的《白鹿原》，也有检察反腐电视剧《人民的名义》等。古装优质剧有曾经轰动亚洲引起极大反响的《还珠格格》，向腐朽封建的皇权发起挑战的《大明王朝》，2011年播出的宫斗剧《甄嬛传》等。国产高评分精品电视剧，是一代人心目中的回忆。

（三）对外传播现状

我国在电视剧产量上属于大国，但是在对外传播和海外知名度上并不是电视剧强国。电视剧产业发展初期，我国对外出口的意识不够，导致大量的电视剧只在国内传播。同时国家引进了大量的海外剧，如制作精美的韩剧、美剧等在国内放映，无形中将韩、美的民族文化输入给了国民，这种现象不利于本国人民民族文化自信的培养。当国家意识到出口电视剧的重要性后，我国也对外推出了许多部电视剧，有一部分电视剧在海外获得了观众的喜爱。出口美国的有《亮剑》和《士兵突击》，很多美国人喜欢观看这两部电视剧并给出了高分评价。美国的将军们曾说，观看《亮剑》看的是中国军人不怕牺牲、血战到底的精神，希望美国军人也可以拥有这种"亮剑精神"。观看《士兵突击》可以从中研究我国特种部队的训练、选拔情况。出口到日本的古装电视剧居多，后宫权谋、历史类国产电视剧在日本比较受欢迎，包括大火的高分国产剧《琅琊榜》《军师联盟》和后宫题材类的《延禧攻略》等。这些出口的电视剧都在一定程度上传播了中国文化元素，特别是古装剧中传统的服饰、建筑、饮食、礼仪等，都体现出我国的传统文化魅力。

目前国产电视剧借助网络传播的力量，基本上实现了台网联播。七大视频网站平台爱奇艺、腾讯、优酷、芒果 TV、乐视、迅雷、搜狐的联播也打开了国产剧对外传播的新天地。在政策的支持下，中国电视剧出口量呈逐年上升趋势。21 世纪初提出的中国文化"走出去"战略，对中华文化的复兴和推广有着积极的作用。

随着国际形势的变化和经济的发展，文化"走出去"战略被重点提及，激发建设文化强国、增强国家文化软实力的创新活力。《关于进一步加强和改进中华文化走出去工作的指导意见》《关于加快发展对外文化贸易的意见》《关于加强"一带一路"软力量建设的指导意见》等文件先后印发，整个文化产业坚定文化自信，大力推进文化"走出去"战略。出口影视作品不仅是让中国影视剧走出国门，更是让中国文化走出国门。

三、中韩电视剧制播模式比较研究

（一）减量提质，权益均衡

上文提到，在"制播分离"模式下，我国电视剧的产量大大提升。但高产量下的电视剧质量参差不齐，优质电视剧数量在整体中占比较小。这是由于投资方无法提前预知电视剧播出后的反响，在投资时具有一定的风险，一旦拍完只有播完和撤档的选择，容易造成资源的浪费现象。在这种现状下"减量提质"刻不容缓。

在电视剧制作环节中，导演和编剧都是核心人物。在韩国，编剧的地位高、权力大，在整个制作环节中拥有决定性话语权。编剧能够保证电视剧朝着剧本的方向拍摄下去，很少出现剧本和成片差距大的情况。但在中国，编剧在电视剧的制作环节话语权不高，往往只是将剧本给到导演，在整个拍摄制作环节中参与度较低，导致经常出现导演改动剧本的情况，甚至有演员随意更改剧本。这对一部剧的核心思想和方向的把握是致命的破坏，也是"烂剧"的源头之一。我国可参考韩国通过法律提供对编剧地位的保障措施，提高编剧话语权；同时规定电视剧的投资比例和演员的片酬，杜绝"天价片酬"的出现，从而降低在制作上的不当投资，合理、均衡分配导演、编剧、演员间的薪酬和制作、宣发上的资金，努力打造精品电视剧。

（二）题材选定与文化嵌入

2019 年，全国电视剧的拍摄制作备案公示有 905 部剧目。其中"限古令"的推出，使古代题材电视剧立项锐减，电视剧多集中在当代都市题材，出现扎堆现象。2019 年评价较高的现代剧《少年派》《小欢喜》，都是围绕家庭来讲述教育问题。2020 年推出的《二十不惑》《三十而已》、2021 年的《北辙南辕》《流金岁月》都是聚焦当代女性都市生活。剧情套路单一化，依旧在脸谱化角色打转，整体同质化现象严重，长此以往观众容易出现观看疲劳、毫无新鲜感的情况。韩国电视剧在内容方面采取不断创新来规避同质化现象。变换的剧情内容始终给观众新的观看体验，让观众保持好奇心。其中同属鬼怪题材的《孤独又灿烂的神——鬼怪》，以东方传说为主题，讲述拥有不死之身的"鬼怪"男主，为了结束自己无限循环的生活必须通过找到一位人类新娘而展开的故事。《花游记》则是取材中国古典小说《西游记》，讲述颓废恶童孙悟空、伏妖能力者三藏以及众妖之神牛魔王在黑暗世界中找寻光明旅程的故事。虽然同属鬼怪题材，但内容各有新意，给观众无限的想象空间，这也是韩剧多年来广受欢迎的重要原因。

韩剧在中国的流行离不开文化的交融。中韩两国都处于儒家文化圈内，人民的思想文化观念接近。从历史上来看，西汉时期中国的儒家文化传入韩国，经过多年的积淀和发展，儒家文化已经渗透到韩国生活的方方面面。在韩国有近八成民众受过儒家思想的熏陶，他们尊崇儒家文化中仁、礼、孝、忠等思想。在电视剧方面，韩国注重将儒家文化融入其中，并擅长通过细节体现出来。其中"礼"在韩剧中无处不在，如家庭中的父慈子孝、长幼有序，生活中论资排辈、敬语相称。电视剧《请回答1988》和《他们生活的世界》将家庭和职场的礼仪观念体现得淋漓尽致，让中国观众感受到一个有着文明礼仪的韩国，这就是电视剧在跨文化传播中起到的重要作用。从韩剧传播出的民族文化可以看出，我国电视剧讲好中国故事、传播中国文化属重中之重。减少题材重复、注重创新，打造具有中国特色的电视剧，才能让中国电视剧更好地走出国门，展现文化大国形象。

（三）社会核心价值观的传播

一个国家的文化核心就是核心价值观，它必须同这个民族、国家的历史文化相契合。关于核心价值观的传播，习近平曾说过："要旗帜鲜明坚持正确的政治方向、舆论导向、价值取向，通过理念、内容、形式、方法、手段等创新，使正面宣传质量和水平有一个明显提高。"①"用海外读者乐于接受的方式、易于理解的语言，讲述好中国故事，传播好中国声音"②。随着时代的发展，社会主义核心价值观的传播途径、内容、群体都在不断更新，传统官方媒体难以有效地、全方位地进行传播。现在电视剧产业的发展已经融入人们的日常生活中，可以作为主流价值观导向的重要传播途径。那么，制作出让观众乐于接受和认同的电

① 习近平. 加快推动媒体融合发展　构建全媒体传播格局［EB/OL］. 求是，2019-03-15.

② 习近平. 用海外乐于接受方式易于理解语言　努力做增信释疑凝心聚力桥梁纽带［EB/OL］. 人民网，2015-05-22.

视剧作品是电视剧制作方需要解决的首要问题。不以传统说教的形式将社会主义核心价值观灌入其中，而是在电视剧中构建出一个文化架构，通过细节的描绘、人物的塑造将宏大的主题展现给观众；从观众角度出发，寻找能够产生情感共鸣的呈现方式，让观众从内心深处认同社会主义核心价值观。

主旋律电视剧一直以来都是社会核心价值观传播的主要题材，近几年主旋律电视剧越来越受人们关注，尤其是受到年轻人的热衷。例如，重大革命历史题材电视剧《觉醒年代》，一经推出便在网络上引起热议。《觉醒年代》的成功不是偶然，许多年轻人在网络上评价《觉醒年代》，认为它是将以前只出现在课本上、历史书上的人物，通过一个个崭新的、鲜活的形象呈现给大家，真切看到识才爱才的陈独秀、兢兢业业的李大钊、稳扎稳打的蔡元培等；从人物的日常生活和性格上入手，让历史人物不再有距离感，可以让观众近距离地对话人物、对话历史。这便是通过观众乐于接受的方式、易于理解的语言来讲述好"中国故事"，传播好社会主义核心价值观。同时，中国电视剧"制播分离"的模式有利于精品主旋律电视剧的产生。从前期拥有充分的修改和完善剧本的时间，再到审核方的层层把关，这是一个漫长且艰难的过程，但只要充分做好每一环节，最终呈现给观众的必然是精品。[①]

（四）宣传推广与产业链开发

国产电视剧的宣传推广主要依赖"明星效应"，许多投资方冲着明星的流量盲目投资，不在乎演员演技。这种行为严重影响了电视剧的质量，大量无剧情、无演技的电视剧出现在市场上，让国产电视剧市场鱼龙混杂，影响精品电视剧的出现和发展。由于中国缺少在国际上有影响

---

① 李康化.《觉醒年代》：主旋律电视剧的又一次觉醒 [J]. 群言，2021（8）：45.

力的明星，这也让国产剧在对外推广上受到很大限制。这种现象是目前电视剧投资者应该重视的问题。将中国明星通过包装推广到海外，从而为中国打造国际明星，是电视剧对外传播的重要环节。

整个电视剧产业链中衍生产品的开发与销售是一个重要的环节。韩国在电视剧中注重对人物服饰、彩妆，对本地饮食文化和旅游地区的打造，通过电视剧的传播带动社会经济的发展。我国拥有几千年的历史文化且地大物博，可以体现在电视剧中的元素数不胜数。各个朝代、各个民族的建筑、服饰、礼仪都是素材，不要拘泥于宫斗题材剧上。古今民族英雄、抗战精神、革命精神都是中华民族文化的重要组成部分，需要好好开发和利用。同时，要有将影视剧与现实相联合的意识，通过电视剧带动服饰、饮食、旅游等各个方面的发展，以此来完善整个产业链。

韩国作为一个文化产业强国，在影视作品的制播模式、宣传推广、文化嵌入以及衍生品推出上都取得了一定的成果。我国虽然在电视剧产量上属于生产大国，但在打造精品电视剧和海外知名度上还有很多不足。同时，在整个电视剧产业中存在的诸多不合理现象，阻碍了我国电视剧产业的发展。我国的影视作品要开辟国际市场，应该正视当前影视产业中存在的问题，学习其他国家，包括韩国影视剧制播模式中的优点，从题材选择、资金分配、编导权益、文化注入、宣传推广等方面全面改革，致力精品的打造，通过影视作品真正做到讲好"中国故事"，传播中国文化。

第七章　新媒体时代下中韩影视作品的
传播模式

　　以中韩影视作品的传播模式对比分析，探究韩流文化是如何影响中国影视娱乐文化圈的；比较中韩电影产业之间的不同，并进行深入分析，进而提出在新媒体时代创新我国文化产业传播模式的思路。

　　新媒体的发展得益于互联网技术的进步，得益于网络的普及，民众在互联网上可以自由发表言论，这就使得民意和舆论在互联网上有着举足轻重的地位。但是，因还没有对舆论建立起科学合理的管控系统，导致了网络阴暗面的放大。如今，互联网产业愈发成为经济发展的组成部分，并且对社会舆论有着非常重要的影响，需要不断对其进行修正，将媒体与互联网的关系引向一个良性健康的循环，走出一条在新媒体时代下独具中国特色的影视传播模式。

第一节　"互联网+"下中国电影产业的发展现状

　　在"互联网+"的新常态运作模式下，我国电影产业又有了怎样的新态势？通过分析电影产业运营现状，解读互联网企业加盟电影产业之后我国电影产业的发展模式。

我国的电影产业要追溯到 2003 年，中国正式将电影市场化与产业化。如今，中国电影产量和票房已经连续多年稳居世界前列，这些成绩标志着中国的电影产业取得了辉煌成就，未来也有着广阔的发展空间。同时中国电影市场暴露出许多问题，如影片普遍制作质量不高、许多底层电影人无法被大众认可等。随着互联网企业进入影视行业，传统影视行业发生了革命性改变，无论是市场、"粉丝"、互动甚至是舆论导向都在发生着巨大的转变。在新媒体时代下，影视的制作、宣发、放映逐渐趋于一体化和集团化，并且在以互联网为驱动的产业运营模式下，我国的电影产业生态也在慢慢发生变化。

一、我国电影产业的发展现状

过去的十几年，我国电影产业快速成长，无论是国内外票房收益，还是国内外观众口碑，相比过去，都获得了长足的进步。国内票房从 2010 年保持着每年 10% 的增长速度，从 2009 年到 2019 年，中国的电影产业飞速发展。根据相关数据显示，早在 2008 年，中国电影票房收入首次进入全球前十名。自 2010 年起，中国电影总票房突破百亿元，2018 年更是突破 600 亿大关，达到 609 亿元。随着电影行业的高速发展，国内观众对电影的质量要求也是越来越高，高质量电影成为电影行业从业者共同追求的目标。

电影产业的蓬勃发展离不开国家政策的大力扶持，有专家预估，在未来几年中国电影市场总票房将位列世界第一，中国电影行业也会进入一个发展的腾飞阶段。但是高收益的电影大都集中在知名导演和集团化的影视制作公司手上，大部分青年导演还挣扎在基本的温饱线上。在"互联网+"时代下，许多影视公司面临着窘迫的困境，主要原因是自身的发展不足、底蕴不够，没有形成一个成熟的发展模式，导致在市场中面对那些集团化制作团队时，因为缺乏核心竞争力而被淘汰。

二、我国电影产业的运营体系

（一）我国电影运作模式常态

从 2014 年开始，我国步入了以全球化为基础、以国际化为趋势的影视发展新时代。许多影视制作公司为了构建完整的电影产业链，大量并购公司，在发展规模和盈利方面都得到了巨大的提升。然而，大量的快速并购热潮之后，各个生产模块并没有进行有效的磨合，导致制片公司出品的电影在质量上良莠不齐。中国电影产业的不成熟表现在国产影片数量少、质量不高等，相比进口大片，大部分国产影片缺乏市场竞争力，导致很多院线仍偏好引进海外影片。

随着资本的进入，电影产业的融资方式逐渐从单一模式走向多元化，无论是政策导向还是民间融资的状况都有所好转，各路资本开始主动进军电影产业。如《大圣归来》手办"众筹"就是利用民间力量影响电影产业；中国银行公布的《关于金融支持文化产业和发展繁荣的意见》也表明了政府对影视制作融资的政策支持，有利于引导一些资金流入电影行业。但由于文件的政策性不强，缺乏具体的执行以及监管机制，影视的融资模式依然没有得到根本性的改变。

（二）以 BAT（百度、阿里巴巴、腾讯）为核心的"互联网+"运作模式

过去发行商往往只是将互联网作为广告战场的一部分，多在宣发阶段使用。为了获取更高的商业价值，除了院线放映，发行商逐渐会考虑将其投放到相关网站来进行推广、发行。随着越来越多的人发现电影行

业的超高利润，许多有战略眼光的互联网企业不再甘心仅仅在电影行业中扮演一个传播者，而是想进入影视行业，自己构建一套完整的制作宣发产业链条。

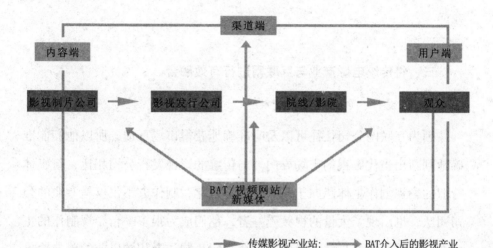

图 7-1 BAT 影视产业链

在 BAT 等互联网企业纵深加入影视的新常态下，我国电影产业链的终端环节———院线运营，也有了新的增长，到 2014 年为止，城市院线为 47 条，农村院线也达到了 252 条。农村院线逐渐采取合并运作模式，城市院线也在不断的整合、并购中提高运作效率。从过去的以院线运营为主，到现在的成规模化的品牌竞争，互联网化和品牌营销成为现阶段我国院线的发展趋势。

从形成更优的产业结构来说，电影产业的中坚力量应该是一些有着多元化业务结构的大型传媒公司，而不是华谊、光线、博纳这样的独立电影公司。只有这样，公司才有能力克服电影行业天然的不稳定性，并多元化放大电影的衍生影响能力。只有行业里有一批稳定的大型公司，整个产业生态才能健康，其他或许更有创造力的中小公司才可能有机会持续产出好作品或壮大自己。从 BAT 自身来讲，他们的战略布局意味更浓，似乎并没有特别强的意愿将电影当作他们应该优先发展的业务。所以，几年过去了，BAT 在这个领域也没有折腾出特别拿得出手的作品。

三、将传统电影产业与互联网进行有效融合

（一）发行、创作主体的变化

因为互联网公司往往可以及时准确地获得市场反馈，所以他们能准确地判断出当代影视的市场导向。与传统的影视发行公司相比，新媒体行业的影视创作主体趋向于多元化、全民化，制作方不仅仅是专业的公司团队，也出现了大量的视频爱好者，他们成为很多平台影视制作的主力军。互联网下的自媒体时代，受众与影片制作者相较以前的单向输出模式，越来越注重双向的互动，这也促使制作团队加强与受众的交流，发掘消费者的兴趣点，如《盗墓笔记》《爱情公寓》等剧就是突出的代表。《盗墓笔记》虽被"粉丝"们斥为"超级烂片"，但上线后十分钟的点击量已经超过了 2608 万，22 小时后的点击量突破 1 亿。由此，这部依赖"粉丝"追剧而成名的影片，最后被称为"现象级网剧"。

（二）制播体系的变化

互联网化市场促使制播体系由原来的"制播分离"，逐渐走向"制播一体"，即我国很多影视的制作方与播映方主动跨界融合，进行创新尝试。

在进行影片制作的时候，要考虑不同区域的消费者在不同时期的兴趣、审美等。这样，影视公司必然需要自我转型，不能像以前，制作方和电视台，即制播双方把影片拍摄、制作好，然后直接推送给受众；而

是需要通过实地调研先去了解消费者的心理，再选择题材、剧本，进行人物角色的设定。比如，华策影视与传统媒体开展的"华剧场"项目，依托强大的大数据平台，形成了集选片、收视数据以及营销服务于一体的综合性平台；为播映方提供了更为专业的编排服务，依据自身的大数据平台对目标收视观众进行精确的定位。这种模式突破了传统影视公司的"CP 模式"（Customer Pricing 的缩写，即顾客定价模式），而转向与渠道战略性合作的"SP 模式"（Standard play 的缩写，即标准播放模式）。

在互联网企业的大背景下，将影视产业的各个环节打通，有利于影视体系化平台的搭建。同时，在新的平台上推动影视作品与消费者、合作伙伴进行线上线下的无缝隙交流及合作，提升了影视产业的软实力，加速了影视作品与宣发渠道的深度融合。

（三）宣发系统的变化

网剧播放量呈增长趋势，2018 年上线网络剧 286 部，较上一年增加近三成，由此可乐观地推断网剧的发展是积极增长的势头。爱奇艺等携手其他平台继续引领网剧播放流量的增长，如互联网时代的影视宣发主阵地——抖音。抖音以"高社交属性+庞大用户体量+病毒式裂变传播+去中心算法机制+线下引流"成为短视频平台的头部企业，在 2018 年月活跃用户已经超过 2 亿，如今抖音日活跃度高达 3.2 亿，拥有数量庞大的高黏性用户。除此以外，抖音去中心算法机制模糊了圈层界限，面向的用户更全面、更复杂，这些属性增加了抖音用来进行网剧宣发的优势。在抖音庞大的用户当中，超过八成的用户为 30 岁以下的年轻用户群，男性与女性的比例约为 1∶1。而根据 2015 年中国在线视频付费用户调研可得知，30 岁以下人群对于网络剧的付费意愿较高，这说明

30岁以下的年轻群体对于网剧是比较热爱的，因此在抖音这个年轻化平台上进行网剧宣发是有充足的价值的。

网剧宣发与短视频营销结合，衍生裂变传播新玩法。除了网络剧在播放之前，由剧中出演的演员借助自身流量优势亲自"下场"（网络用语，即参与到某一个活动或矛盾中）抖音等平台进行宣传造势等常规操作以外，宣发方还可以联合抖音等平台发起活动或者某种挑战。举例来说，抖音推出限定贴纸，演员首先"下场"，站内"大V"（某平台获得个人认证，拥有众多"粉丝"的用户）也紧跟着使用贴纸拍摄视频——演绎剧中名场面、剧中经典台词等，届时各路账号都想借这个东风，用户们也将纷纷收到"感召"，引发全民模仿热潮，持续提高网剧关注热度。

投放宣发物料，激发观影兴趣。例如，在抖音官方设置的"抖音电视剧""抖音娱乐"等"泛娱乐"账号上投放宣传素材，进一步扩大网剧触达范围。其中，"抖音电视剧"账号中聚合了大量与网剧相关的内容，如"抖音独家剧场""高能名场面""现场小剧迷""爱豆剧来说"等侧重于不同维度的网剧内容相关话题。归纳整理出不同合集，如现代剧倾向合集、古色古香混剪合集、欢乐颂合集等方便用户查看感兴趣的内容。同时，网剧宣传方可以入驻抖音平台，自主发布相关内容与活动。在网剧前期话题发酵过程中，精彩剧情剪辑、角色讨论等其他素材的火热传播助力网剧快速进入宣发爆发期。如果仅仅简单化投放网剧预告宣材素材则难以达到很好的宣传效果。在官方发布的网剧宣传内容短视频中，可以看到宣传素材是经过加工后投放的。画面布局调整到更适合手机竖屏观看的大小，并用精练的文字概括内容，一方面吸引用户注意，另一方面符合用户"碎片式"观影的需求。抖音的相关工作人员也认为在投放素材时务必要在考虑抖音用户的内容消费习惯的基础上，对内容做二次加工，并且使用抖音用户喜爱的音乐等，从而获得更高效的转化。

（四）融资体系的变化

资源互置，如网剧营销 KOL（Key Opinion Leader 的缩写，即关键意见领袖，现也指网络平台上有话语权的人）。此前在很多电影宣传时，抖音上出现很多娱乐类账号，凭借与电影主创的互动视频收获了大批流量，与此同时给电影宣传带来了更多的可能。由此及彼，在进行网剧宣传的时候，与 KOL 进行资源互置成了一个有很大探索潜力的命题。抖音中"泛娱乐"类账号以及电视剧解说点评账号可以为网剧方持续输送较为精准的目标人群，高热度网剧可以给 KOL 提供可攫取巨大流量的机遇。两者在此基础上实现流量互通、资源互置，是为双赢。

第二节 新媒体时代韩国电影产业的运营现状

韩国电影业在经历了低谷之后，在整个亚洲市场再度异军突起，迎来了"新韩流"热潮，而这得益于韩国电影产业运营体系的重建以及政府的一系列政策支持。通过了解韩国电影产业发展现状及运营模式，总结韩国电影产业在发展过程中的得失，可为我国电影产业的发展提供经验参考。

一、韩国电影产业的发展历程及现状

韩国的电影发展是从 20 世纪 90 年代开始的。1993 年韩国总统金泳三指出要将影视行业作为工业一样重视发展，1997 韩国政府推动实施了以下产业政策:《电影振兴法》制定,引入电影四级分级制,后拓展到五个等级,1999 年再次修订《电影振兴法》,成立韩国电影振兴委员会来管理电影,用电影分级制代替审查制。随着文化产业机制的转型,允许私人财团介入电影业。现代、三星等韩国五大私人财团以巨额资金投入了影片制作领域,并依托其商业销售网络,取得了初步成功。

受韩国电影产业扩张政策的直接影响,从 1999 年到 2000 年,一年之内,韩国文化产业增长率达到了惊人的 23%,并且迅速向海外市场扩张。尤其是 1998 年以后在中国兴起的"韩流",使韩国影视在中国大陆和东南亚市场上长驱直入。到了 2014 年,韩国电影产业的院线销售额更是超越了历史水平,达 1 兆 6641 亿韩元,与 2013 年同期相比上涨了 7.3%。网络影视市场的销售规模较 2013 年增长了 11%,达 2971 亿韩元。特别是海外市场的销售额从 2005 年开始一直呈上升趋势,截止到 2014 年已达 6308 万美元。从韩国影视海外销售额分配比例中可以发现,在国内市场稳健发展的同时要重视对海外市场的开拓,以促进国产电影实现真正意义上的"良性循环"。

在韩国电影的海外出口市场中,以中国为中心的亚洲市场所占份额最高,在 2014 年更是达到了史上最高水平,约为 2087 万美元。在亚洲地区热卖的主要原因,是一些受欢迎的演员为韩国电影带来了更大的首映销售规模。出口到欧洲的影视产品也为韩国影视的海外销售创造了很大利润。在欧美地区,具有细腻的制作、丰富的情感等特点的韩国电影弥补了好莱坞影片的粗犷,因此在欧美影视市场,韩国影片也能分享到一定的市场份额。韩国影视占比最小的是北美洲和大洋洲等地区。

韩国电影出口额逐年递增的原因,最主要的是韩国电影销售模式的改变。2013 年韩国国产影片的海外出口总额约为 3707 万美元,韩国电影振兴委员会表示,近年来韩国电影在国际市场上之所以能占据一席之地，其中重要因素之一是改变了海外发行模式，依靠发行方在海外重新建立了中长期的发展策略，由被动发展转向主动进攻国际市场。

二、韩国电影产业的运营模式

韩国的电影产业由三大部分构成：第一是制作方，即电影公司；第二是投资方，即资本持有者；第三是发行方，负责推广实现盈利。在每个运作过程中，韩国政府都制定了不同等级的支持政策，大致有以下三点。①

图 7-2 韩国电影产业的构成

第一，建立制片人制度。韩国电影业将电影制作体系分为三种，"准学徒制作体系""独立制片人体系""大企业制作体系"。各个体系进行积极有效的良性竞争，使得韩国的电影制作水平逐年攀升。

第二，投融资渠道的构建。在 20 世纪 90 年代初期，韩国改变了资本的投资形式，政府鼓励集团资本进入影视制造业，将韩国电影制作的传统体系打破，将影视制作带入市场，很大程度激发了影视从业者的制作热情，使得韩国的电影行业空前繁荣，涌现出大批优秀的导演、演员、制片人，为之后韩国电影在国际电影圈的地位打下了坚实的基础。

第三，电影市场的宣发机制。在电影创作之初，相关的营销手段也

---

① 魏婷婷. 韩国"编播同步"电视剧的制播模式解析 [J]. 开封教育学院学报，2016，36（11）：278-279.

就逐渐开始了。这个环节中最关键的部分就是通过市场调查，制作出符合市场需求的作品。通过收集受众群体的信息，如消费者能接受的价格、消费者喜爱的媒体形式等，分析收集的数据，制定宣发策略。宣发的阶段，要将制作的电影本身作为一个品牌来宣发。因此，首先树立品牌战略目标，打造能让消费者印象深刻的电影 IP 形象。然后以品牌形象引导消费者对品牌产生兴趣点，从而促使消费者进行实际的消费行为。最后在首轮播映后，通过广泛的用户调研，把握消费者对电影的看法与评价，将资料整理归纳，为之后的营销策略提供前期分析数据。

三、韩国电影产业运营模式的启示及经验

电影产业的发展，离不开产业链的延展性，也就是独立完善的运营系统。我国的电影产业无论是制作环节、宣发环节、上映环节，虽有较强的独立运作能力，但是缺乏将三者有机结合的系统。因此想要让我国的电影产业更加完善，就需要建立完整的营销策划体系并且延长电影产业的消费链，如相关衍生品的销售、同名游戏的开发等。

韩国的电影产业通过人才培养体系的建立、刺激大企业的资本介入以及政府扶植政策的推行，最终在较短时间内确立了电影产业发展的基本格局。无论是从文化底蕴还是从产业发展历程看，中韩电影产业都具有极高的类似性。特别是在当今"互联网+"的新生态环境以及中韩文化交流与合作不断推进的大背景下，吸取具有相似文化背景的韩国电影产业成功发展模式及经验，既能促进产业结构的优化升级，又能实现两国电影产业的共同发展。21 世纪初，我国出台了许多政策，表明了我国政府积极推动电影产业发展的愿望。优惠政策的不断出台，确实在一定程度上刺激了我国的电影产业，但是随着时代的发展，也暴露出许多问题，其中最关键的就是忽视了对于监督体系的建立。因此，重新梳理

现有政策法规，分析我国电影市场的特点，建立起完整高效的政策体系并有效实施，能将我国的电影产业带入一个具有中国特色的良性发展道路。

至于我国电影市场中对优秀人才的需求，可以考虑通过国际化教育来加强对高级专业人才的培养，升级现有的教育模式。要发展电影产业，也要合理地打造支持电影产业发展的政策体系。此外，因为我国在海外没有合适的发行渠道，很多国产电影很难走出国门。特别是在产业集群化、链条化发展优势日益彰显的今天，亟须构建一个适合我国国情的运营模式。

第三节　韩国"创造经济"的文化产业政策

文化创意产业已经成为增强国际竞争力的重要产业，而努力构建合理的政策环境是促进文化产业发展的首要环节。特别是产业生存所需的"创意性的环境""开放性的氛围""发散性的思维"等"软环境"的创建，亟须政府政策的积极引导。韩国政府以"文化立国"为基本国策，成就了如今韩国文化产业的辉煌战绩，这与政府的积极推进是分不开的。由此，本文通过对韩国政府的"创造经济"政策进行解读，发掘文化产业发展所必需的创意"软环境"。①

由于市场的"非完全竞争性"或"不完整性"等"市场失灵"（market failures）问题，产生了产品的非效率性分配，为修正这一现象，就必然要求政府政策的介入，文化产品也是如此。韩国文化产业飞速发

---

① 黄诗娴. 韩国热播电视剧跨文化传播研究［J］. 传媒论坛，2020，3（19）：117-118.

展，究其原因是与政府主导的文化产业发展策略密不可分。"新韩流"的兴起，也让我们愈发关注韩国文化产业的兴盛与发展的背后究竟隐含着哪些制胜因素。从20世纪90年代开始，韩国以"文化立国"为基本国策，制定出台各类政策来扶植本国的创意产业，包括制定法律法规、整理税收制度、改革金融资助制度、支持设施设备、引进技术、培养人才模式等。朴槿惠政府上台后实行的"创造经济"政策，更是为韩国文化产业的发展带来了新的契机。由此，本章通过对韩国文化产业的相关文献、国家统计数据资料等展开研究，探索韩国"创造经济"政策培育创意环境的策略及路径。

一、创意环境的构成要素

文化创意产业的最主要因素是创意环境，创意性环境的因子分为两类，即"软件基础设施"和"硬件基础设施"。硬件基础设施是指由政府支持的各种服务，包括各种研究机构、教育资源、文化设施及会议场所等设施；软件基础设施是指人文环境、网络环境等。创意性软环境的表现特征又被细分为几个模块。在图7-3中，"创意性软环境的要素"将具体的环境因素分为五种类别，即创意环境的"开放性""自律性""社会资本""政策扶植""文化环境"。从环境的构建者"政府"的视角来看，对硬件基础设施的投入是主要方向，而这有时会忽视对创意产业发展所需的社会、文化性的软件基础设施等的软环境的建设。

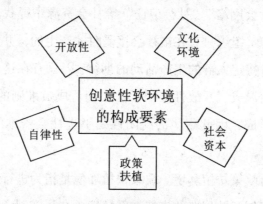

图7-3 创意环境的构成要素

第一是环境的"开放性"。开放性是保证组织成员间能相互交流、融合发展的首要因素。这一要素主要在于克服组织的封闭性,强调对外的开放性,因此,在创意和革新方面都是必不可少的部分。创意性的核心部分就是以"开放性、多样性"的环境为前提的。①

第二是环境的"自律性"。在大多数的相关研究中,人类创意性的发展并不违反规律,而是在某种规则或是纪律中强调其自身的自由环境。② 因为组织成员只有在自由的环境中才能对问题及对策进行创意性的讨论。创意性环境的自律性,可分为业务环境的自律性和组织内决策的自律性。

第三是社会资本。经济发展构造和工业选址的理论是从传统的资本研究中延伸而来的,强调社会资本的重要性。只有具备了基础设施间的纽带"资本",集团(cluster)才能创造出成果。社会资本是以信赖为基础形成的资本形态。充当这种纽带的要素,要以某一集团为核心,并

---

① 김세훈, 박영정, 정정숙, 허은영. 문화분야: 법제 정비 방향 연구 한국문화 [M]. 서울: 관광연구원, 2007: 22-36.

② 李载雄. 韩国内容产业的现在与未来 [D]. 首尔: 韩国网络信息学会, 2011.

在其辐射的"社会网络""社会信任"等社会资源中寻找。社会资本的信任度是某一特定组织只有在被社会接受时才产生的,并且信赖是成员带着某种意愿对特定人群的生产活动的期待。① 只有在这种情况下,社会的信赖才开始形成。开放性集团无法实现对成员准则的监视和处罚,所以信赖很难形成,因此集团的封闭性是引进社会资本的必不可缺的要素。

第四是政府政策扶植环境。政策扶植环境是指为进行正常创意性活动,并刺激提高创意性创造的支持体系环境。在很多创意性环境的论述中提到了"发挥创意性动机"和"组织的扶植"。这是指政策扶植是创意性工作的保障体系,是形成奖励创意的组织氛围和体系。在革新环境里,要强调"产、学、研、官"的有机的支援体系。

第五是文化环境。文化环境要求在文化产业周边形成有利于创意阶层或从事创造性活动的专业人员的便利设施(amenity)。创造阶层一般拥有小规模文化空间和设施,强调丰富多彩的创意性的文化氛围是创作的原动力。

"创意性环境要素"提及了构建创意性环境的必备要素,即是否具有"开放性、自律性、社会资本、政策环境、文化环境"等因子,这些是评价一国文化产业的成长环境是否成熟的主要因素。本文以此为理论背景,对韩国"创造经济"的具体政策内容进行解读。

二、韩国"创造经济"的文化产业政策

韩国实行的是政府主导型的文化产业政策。政府主导型是指国家通过公共机构积极介入文化产业领域,构思产业扶植政策,通过技术、财

---

① 안지혜.문화로서의영화 한국정책과학학회보 [M].서울: 한국 정책과학학회, 2008: 55-78.

政等政策扶植来发展文化产业的一种形态。民间主导型是指中央政府没有主管文化的公共机构，市场也排斥政府干预，运营体系完全依赖市场经济体制的一种形态。① 韩国和中国的文化产业发展都采取了政府主导型政策。

从 20 世纪 80 年代开始，韩国逐步确立了文化的主体性及发展传统文化等政策。进入 20 世纪 90 年代后，韩国政府开始重视各种地域文化项目的开发，如文化旅游等，努力提高产业效率。随着全球化发展的加速，韩国将国家发展核心战略定为"韩国文化的世界化"，韩国的文化政策也超越了单纯的振兴本国文化艺术的层次。② 韩国的文化在向着发达国家行列大步前进的同时，遇到了诸多制约因素。从国家经济的内部循环来看，传统产业的市场容量基本饱和，新兴产业又尚未成形，经济缺乏持续增长的后援力量。③ 从外部来看，韩国虽在电子、信息、通信等领域具有一定优势，但前面有美、欧、日等技术强国的竞争压力，后面又有中国等新兴国家的发展压力。这些问题都给韩国经济的发展带来了新的制约。介于内外环境的压力，韩国政府的"创造经济"政策出台后，经济战略也由此得到了整合，其后政府又相继出台了一系列相关政策，这些都可以归纳为韩国政府的"创造经济"战略（见图 7-4）。

"创造经济"战略共分为六大板块，致力于突破文化产业的现有发展瓶颈，追求经济的新增长点。一是构建生态系统，以塑造"创造经济"的生态环境为导向，通过 ICT（information and communication technology，即信息与通信技术）技术的研发，来构建创业的生态系统，打

① 영화진흥위원회.한국영화산업결산 [M].서울：영화진흥위원회 정책연구부，2015：112-135.
② 강철성.경제정책 창출을 위한 한국 정부의 1년 성과와 개선 방향 [M].서울：한국정책연구원，2014：35-52.
③ 김평수，윤근근，장규수.문화콘텐츠산업 [M].서울：교환책，2012：90-104.

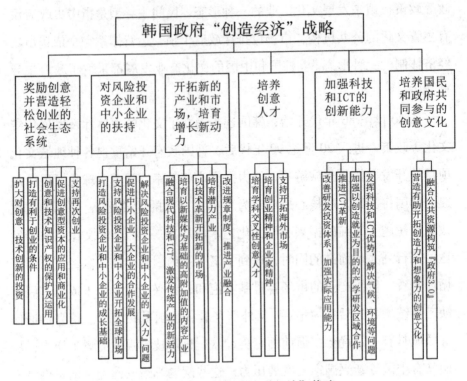

图 7-4　韩国政府的"创造经济"战略

造从人才培养到创业、后期扶植阶段的良性循环路径。二是发展并保护中小企业，将资金筹措方式转为直接投资。三是发掘新产业、培育新兴市场，将创意研发的基础研究比重扩大至40%，并树立以高龄化、环境科学为核心的未来产业发展战略。① 四是培养优秀创意人才，设立文化创意政策研究所，加强日新月异的网络文化创意教育。在国际合作与人才方面，韩国未来创造科学部计划将"国际科学商务地带"发展为基础科学的研究枢纽，引进世界著名科学家，并以此为契机来培养本土科研人才。五是增强科技与ICT的创新能力，未来创造科学部运用"云计

---

① 김평수，윤근근，장규수.문화콘텐츠산업 [M].서울: 교환책，2012: 88-90.

算发展法",建立大数据分析中心,以发展网络内容产业。六是努力打造有利于本国民众的幸福产业,调动整个国家的创意热情。

可以看出,韩国政府的"创造经济"政策突出的是"以人为本"的经济政策,是通过提高创业的质量和效率,给经济的发展带来新的活力。无论是国家公民、企业还是政府,都要以自己的想象力和创意为基础,融合现代科技创造新的产业和市场,强化既有产业,并通过公平竞争来创造优质的就业岗位。① 根据个人或企业在创业的整个过程所需要的政策支持,也可以将"创造经济"政策分为以下几个阶段。

第一,创业准备阶段(创意阶段)。增强企业家精神以及创业知识的教育,指导并促进国民个人或企业完成创业策划、创业心理测试,以及相关准备工作。第二,创业初期(创业开始3年内)。对创业初期的政策支持,包括国内外创业保育服务、大学生创业优惠政策、税收减免政策等。第三,创业成长期(创业满3年之后)。政策主要针对企业在成长期需要的政策及服务,如 VC(Venture Capital,风险投资),PEF(Private equity fund,私募股权基金)投资等,加强对企业的知识产权保护,进行价值评价,支持该类创业企业开拓海外市场。第四,促进企业对创业的再挑战。主要对首次创业失败的企业进行再次扶植政策。

三、"创造经济"带来的文化产业发展成果

自"创造经济"政策实施以来,截止到2014年,韩国从事文化创意产业的企业增加到105442家,总销售额为94兆9472亿韩元,附加值总额为37兆7051亿韩元。其中出版业仍是产出最高的行业。除了出版、电影两类,其他如漫画、音乐、游戏、广播、广告,相关衍生品、

---

① 문화체육관광부. 디지털 통합 시대의 콘텐츠산업 미래정책 연구 [M]. 서울:문화체육관광부, 2013:67-99.

知识信息等类别都有了明显提升。① 可以说，韩国"创造经济"政策取得了显著成果，2013 年、2014 年的各部门销售总额都有了非常大的增幅，如广播行业，年增长率为 24.6%，2013 年到 2014 年的增幅远超过 2011 年到 2012 年。销售额增长幅度较大的知识信息和文化衍生品行业，几乎达到年 1 兆韩元的增长速度。游戏行业在 2013 年的销售额有回落迹象，到 2014 年又恢复了增长态势。② 广告行业的销售额在 2013 年得到了迅猛发展，增长了近 9000 亿韩元，2014 年的增幅为 4000 亿韩元。漫画行业的销售总额虽然较低，但也保持了持续增长的态势。音乐行业的从业人数每年平均增长 4.2%，销售额每年平均增加 11.3%，显示出持续增长的态势。但随着流通行业渠道的减少，文化产业的从业人数呈现持续减少的态势。"创造经济"政策努力推进海外市场开拓。文化产品不仅风靡欧美国家，而且在"创造经济"政策实施后带动了对亚洲国家的出口，特别是在中国的出口额有了较大提升。

四、韩国培育文化产业环境的经验及启示

"创造经济"为韩国文化产业带来了新的增长空间，从旨在针对个体"创意性心理"出发，以组织的革新、地域的发展为核心构建了符合韩国国情的创意性环境，使韩国文化产业的成长环境具有了较好的开放性、自律性，充足的社会资本以及政府政策支持体系、人文环境。具体表现为韩国在组织管理体系、资金支援体系、文化产业园区、全球市场开拓等方面制定了体系化的文化产业发展战略。

---

① 박재복. 한류: 지구촌 시대의 문화경쟁력 [M]. 서울: 삼성경제연구원, 2005: 112-134.
② 문화체육관광부. 디지털콘텐츠산업 통계조사（2010-2014）[J]. 서울: 문화체육관광부, 2015: 11-25.

第一，设立强有力的政府组织管理体系，增强政府的引导作用，树立良好的政策环境。政府政策的积极推进为创意性活动构建了最基本的环境体系。创造经济政策下的"未来创造科学部"，主要目标是消除各个管理部门之间的壁垒，实现信息共享，以避免创新链中的项目重复投入、部门间沟通不顺等问题，从而提高研发效率。2000年韩国设立了"文化产业振兴委员会"，将文化产业的政策重心倾斜到对音乐、影视等内容产业的发展上。① 在各个地区设置的"创造经济革新中心"从中央到地方强化了对文化产业的无缝隙管理机制，促进了文化产业的有效发展。

第二，设立资金支援体系，构建"社会资本"环境。2002年韩国的文化产业振兴院就以投资合作、筹备专项基金等方式来支持文化产业基础设施建设、文化产品的营销与进出口、培养文化产业人才。同时，在预算方面对各类文化产业进行连贯而持续的投入计划，并加大投资力度。2016年初，韩国未来创造科学部等政府部门提出了"通过创造经济与文化繁荣扩充增长动力的方案"，提供80万亿韩元的政策资金支持来集中精力培育ICT新产业，如智能汽车、手术机器人等。在韩国经济发展不断缩水的情况下，"创造经济"的资金支持政策可以说是文化创意产业亟须的养分。

第三，注重产业的融合发展，激活文化产业集群，为产业的发展创造"开放性"环境。"开放性"确保了文化创意产业的组织成员间能相互交流、融合发展。"创造经济"的本质是"创意"与"科技"的协调发展。韩国政府设立了多种文化内容产业园区，形成了全国文化内容产业的"价值链"。这促使优秀的创意资源在特定文化产业领域汇集，实

---

① 한국문화산업진흥원. 2015 문화콘텐츠산업 통계조사 [J]. 서울：문화산업진흥원, 2015：55-63.

现协调发展，实现了 ICT 产业、文化内容产业、健康产业等各个产业的共同飞跃。在 2013 年创造经济的带动下，韩国的文化产业园更是面向全球新兴技术市场，在"追赶型"战略基础上开始注重"创新型"产业的发展，即将本国的优势产业和其他相对较弱产业结合，打造能够提升新价值的"创造经济"。然而，政府主导型的机制本身也有一些弊端，文化产业园的开放性也仅限于园区内的开放，如不大胆放开一些规制，很多政策投资很可能落空，韩国政府期待的"创造经济"也很难实现。如受"游戏装备交易规制"等政策的影响，韩国很多的游戏产业不是被外国资本收购，就是纷纷转身进军中国市场。

第四，为创造良好的"文化环境"，韩国政府致力于制定相关政策来资助民间组织与文化产业相关的社团活动，以推进民众对文化产业的参与。如在"创造经济"政策中推出"培养国民和政府共同参与的文化创意事业"以营造创意氛围和文化，加强国际市场的开拓。① 韩国政府为在文化产业上取得更大的发展，坚持不懈地开拓国际市场，以文化内容产业为主力，进军国际市场。② 其主要模式是以"新韩流"代表的影视作品为先锋打入国际市场，并开发相关的文化衍生品，参加和举办各种国际展示会来积极地提高文化产品的知名度。

第五，为提升产业发展个体的"自律性"，制定了体系化的知识产权保护的法律法规。文化创意产业的特殊性使得知识产权成为产业发展的必要保障。这需要政府的引导和监管，以及严格的律法保障。韩国政府有针对性地研究文化市场所存在的弊端，除了对知识产权的保护之外，还规范了当下的一些影视作品、艺人、娱乐公司中存在的一些极端

---

① 韩国文化产业振兴院. 海外文化内容产业市场动向调查（亚洲太平洋—中国）［R/OL］. （2014-05-08）［2021-10-15］. https：//www. kocca. kr.

② HARTLEY J. Creative Industry［M］. UK Oxford：Blackwell, 2005.

低俗的价值观，完善文化产业的管理机制。这使产业的运营在自由放松的环境中有秩序地成长。

韩国在以政府为核心的主导型文化产业发展模式下，为文化创意产业的发展创造了优越的成长环境。韩国政府在韩国以往的政策积累基础上，进行文化产业环境的硬件建设资金扶植，注重科技的宏观管理和顶层设计，强调政府的政策服务和支持，积极调动企业的积极性，加强有利于产业发展的"软环境"建设，从而构建了"以人为本"的"创造经济"发展模式，使政府政策能够真正服务到创业的每个阶段，提高创业效率。这最终为文化产业的发展建立起良性的生态系统。

第四节　中韩电影产业运营模式比较及优化分析

近年来，中国电影产业通过政府政策的推进以及自身的不断发展，扩大并占据了部分国内市场，但电影产业的改革步伐仍然滞后，特别是电影产业的运营体系已难以适应瞬息万变的国际影视市场。与之相比，从 21 世纪初至今，韩国的电影产业在亚洲市场异军突起，在国际各大电影节中也独树一帜，这些战绩可以归功于韩国电影产业运营体系的重组以及韩国政府的一系列支持政策。本文通过对中韩电影发展现状的比较，以及对韩国电影发展经验的探讨，审视中国电影产业在运营模式上的弊端，尝试探索适合中国电影产业的有效运营模式。①

中国的电影产业取得了辉煌成就，未来也有着广阔的发展空间。但在发展的道路上也出现了一系列问题，如内地优质影片数量供不应求，

---

① 杨旭霞. 国产电视剧的对外传播路径探析：基于中韩两国电视剧跨文化传播的对比 [J].声屏世界，2021 (3)：5-8，27.

造成发行放映方"巧妇难为无米之炊"的尴尬局面；中国影片制作时创意性欠佳和人才培养的滞后等一系列问题①。韩国电影产业的成长时间虽然比较短，但取得了较好成绩，同处东亚文化圈的中国在电影产业的建设和发展初期与韩国有着相似经历，② 因此，通过对中韩电影产业现状的比较分析，以及对韩国电影产业模式的深入了解，可以探索中国电影产业的未来发展趋势。

一、中韩电影产业的发展现状比较

1999 年，韩国的国产商业片《生死谍变》上映后票房不断攀升，不仅在韩国本土产生了巨大轰动，而且引起了海外电影人的广泛关注，标志着韩国国产电影第一次进入世界电影业。之后，韩国政府出台了大量专门扶植影视行业的政策，使得韩国电影产业在很短的时间内发展迅猛，国内出现了大量的电影从业者，间接扩大了韩国的电影市场，也加速了大量高质量商业电影的制作。

到 2009 年为止，韩国出口到亚洲地区的影视产品的份额是最高的，约 1022 亿美元，其次是出口欧洲的影视产品，为 237 万亿美元，接下来是北美洲和大洋洲等地区。2010 年，出口比例发生了巨大变化，韩国影视产品对欧洲和大洋洲等地域的出口比例增大。在欧美地区，具有制作细腻、情感丰富等特点的韩国电影弥补了好莱坞影片的粗犷，因此在欧美影视市场也分到一定的份额。

同期的中国，随着经济的迅速发展，大众对文化生活的消费需求日

---

① 韩国文化产业振兴院. 2015 年文化内容产业统计调查［R/OL］.（2016-02-06）［2021-11-15］. https://www.kocca.kr.
② FLORIDA R，TINAGLI D. Europe in the Creative Age［M］. London：Demos，2004：23.

益膨胀,电影产业已成为中国文化产业的重要组成部分。中国电影票房从 2001 年的 8.7 亿元起步,逐年增长,2005 年大幅增长到 20.46 亿,到 2010 年增长到了 101.72 亿元,在 10 年内增幅超过了 35%。从影片的生产数量来看,2001 年到 2013 年,中国故事片的总量还是持续平稳增长的,2001 年国内故事影片只有 88 部,但是到 2010 年达到 526 部,2012 年更是突飞猛进产出 745 部影片,与 2001 年相比增长了 498%。

从影片产量上来看,中国的影片制作偏向于对故事片的开发,忽略了科教片和纪录片的发展潜力。当然,这也是自 21 世纪初开始中国电影人热衷对商业的投入而导致的结果。据以上国家统计局的数据分析来看,中国的电影产业确实得到了发展,但若与世界其他国家比较,还是略显乏力;在创意、运营以及融资等方面都面临着发展的瓶颈;面对庞大的消费群体,现有的电影制作产能已经无法满足。

可以说,中国电影业的发展无论是从横向还是纵向比较,都欠丰满。特别是从 2015 年开始,约有 70% 的国产影视公司负盈利,有的甚至处于破产的边缘。是什么因素导致中韩电影产业有如此大的差异,下面通过对中韩电影运营体系的比较来尝试探寻答案。

二、中韩电影产业运营机制比较

无论是前期电影制作的融资机制,还是制片人制度的确立,韩国已经构建了一套完整的电影产业链,并且有着广泛的市场认可、韩国国家政策的支持、大企业的资本注入,这些都保障了韩国电影无论是在韩国本土还是在国际电影界都能取得不俗的成绩。

中国现行的电影运作模式大体也可归纳为三个方面:电影制作生产、电影的宣传和发行、电影院放映。当前中国电影产业结构的基本状况是:以发行为中心,发行与放映相结合,制片独立,与发行放映相脱离。这种结构不但破坏了电影产业的经济活力，也束缚了电影产业的有效运转。①

随着中国经济体制改革与全球化趋势发展，中国电影业的运营模式从以国家宏观调控为中心的运作机制慢慢转为以市场为主导的运营机制，电影行业的发展规模提升巨大，收入也提高了很多，但是产出的国产影片质量不高等问题引起广大受众的不满。由于中国电影产业的策划营销模式不成熟，使得许多制片厂仅仅追求数量而忽视影片的质量，生成的大部分影片缺乏市场竞争力，导致各地院线更偏好引进海外影片。

三、中国电影产业运营模式的优化重组

通过上述对中韩电影发展现状的对比总结，以及对国内电影发展中存在的问题进行梳理可知，韩中两国的电影产业运营模式是有很大差异的。韩国的电影产业将制作、融资和市场推广三个独立的个体组合成一个完整的体系，互相牵制，共同发展。② 中国的电影产业则处在相对传统的电影经营模式上。中国电影产业的市场运作机制可分为三个阶段，策划生产阶段、宣传发行阶段、影片上映后电影产品的开发阶段（图7-5）。这三部分相对韩国模式而言，具有独立运作、各自形成其运作模式的特点。要振兴中国电影产业，就必须构建一个更为符合中国现状的发展模式，而这需要从全方位来完善中国电影产业管理运营体系，同时需要政府完善相关电影产业法律政策，最终使国内影片及衍生产品的开发与销售带来持续的利润，使电影产业走向发展的良性循环。

---

① 程明. 社群经济视角下营销传播的变革与创新研究 [J]. 编辑之友，2018（12）：20-26.
② 韩国国家统计局. 文化产业现状（2005—2015 年）[R/OL]. (2021-6-15) [2021-12-15]. https：//kosis. kr.

图 7-5　中国电影制作及运营模式

第一，要建立电影产业的专业营销战略体系。影片的制作、宣传、发行，每个部分不是独立的个体，而是电影营销体系中的一部分。因此，要从影片制作初期的市场策划开始到影院上映再到后期的相关衍生品发行，建立一个完整的营销策划体系和产业链，使电影制作宣传、投资及上映的各个部分相互监督，共同承担风险。在中国的传统思想影响下，国产影视作品一直被视为教育的载体，重视其教育意义和传统的意识形态，而忽视了其商业价值。这种影视制作的思维模式缺乏对电影市场的洞察力，在一定程度上弱化了国内电影在竞争激烈的国际文化市场上的竞争力。因此，面对全球影视市场的挑战，必须树立电影商业化的观念，建设专业的营销体系，提高在国内外的电影营销能力。

第二，要拓宽电影的融资渠道及发行渠道。只有融资和发行渠道保持畅通，才能给电影带来源源不断的动力和活力。国产电影发展面临的一大阻碍便是资金短缺、融资难，对此可以采取与股份制企业建立独资及合伙型企业的方法，丰富电影产业的生产层次和结构。此外，还可以寻求社会、政府及国际上的帮助，开拓资本市场以外的融资渠道。此外，中国电影的海外发行渠道也很落后，缺少合适的发行渠道，很多国产电影很难走出国门，因此如何完善海外发行渠道也是亟须解决的问题。

第三，重新整合电影产业的人才培养模式。中国目前虽然有一大批优秀的电影艺术家，但就有着数亿电影受众的消费市场而言，增加优秀的制片、导演、演员以及影片后期合成人才等的数量，提高教育质量也是迫在眉睫的问题。中国电影产业在发展过程中，最重要的就是专业人才的供给缺失，未能形成一个有规模、有序的培养体系，这也从一定程度上限制了中国电影业的长远发展。目前，我国对优秀影视人才的培养基本限于北京、上海、广州的几大知名高校，而面对未来电影市场对优秀人才的需求，要增加影视专业的人才培养数量、细化专业及相关课程设置、加强国内外高等教育的交流，以培养更专业、更具国际化视野的电影人。

第四，电影产业要发展最终离不开政府的政策支持和鼓励。从2000年至今，中宣部、文化部（现文化和旅游部）等国家机构分别出台了百余项关于文化产业的扶植政策，对电影产业给予了一定的政策支援，促进了中国电影行业的发展。但政策缺乏体系化，并且缺乏强有力的执行和监督体系，因此重新梳理现有政策法规，将其融会贯通并有效实施，以更好地促进国产电影的发展，便成为我们新的课题。

综上所述，电影产业是以市场为导向的知识密集型产业，推动电影产业发展是我国产业结构优化升级的必然道路。电影产业的健康发展能展现我国优秀的文明成果、较完善的政治体制及和谐有序的社会环境，从而提升国家软实力，全方位地提升我国的国际竞争力。因此，在当今全球化的大背景下，参考他国特别是相似文化背景国家的电影产业成功发展模式及经验，优化产业结构，走出探索振兴中国电影产业化之路是大势所趋。

第八章 "5W"模式下我国影视作品的
社会核心价值观传播路径

　　人类的优秀文明成果，只有获得它的当代形态，并借助于一定的媒介系统才能实现它的存在价值和有效传播。影视作品直观性强，有较强的感染力，不仅是一国经济发展中强有力的增长点，也反映了社会生活的面貌，成为传递民族文化与社会核心价值观的主要路径。由此，文中以哈罗德·拉斯韦尔（Harold Lasswell）的"5W 传播模式"，通过对中韩两国作品的比较研究，深入分析两国受众的观影需求，解读影视作品的制播流程在传递文化精神时受哪些因素的牵制，探索我国影视作品的社会核心价值观的传播路径。

第一节　我国影视作品研究现状

　　习近平在文艺工作座谈会上指出："必须把创作生产优秀作品作为文艺工作的中心环节，努力创作生产更多传播当代中国价值观念、体现中华文化精神、反映中国人审美追求，思想性、艺术性、观赏性有机统一的优秀作品。"① 现阶段，在影视产品的制作过程中，大多数企业往往将重心倾向于盈利因素，以致产业建设理念与社会核心价值观取向的匹配失衡②。

近年来，我国各类影视作品的发展迅速，每每吸引着观众的视线，同时出现了大批受快餐文化影响而打造得较为粗俗、过分抄袭的作品。这些作品虽在短期内能提高收视率、创造效益，但随着剧集的播放，观众会感觉索然无味，从而变成了"鸡肋作品"。这些作品在向国外取经的过程中，注重形式的学习，忽视了国外作品的叙事方式、人物形象、制作方式是以体现本国价值观为底蕴而打造的，这最终使我国的影视作品严重缺失对传统文化、价值观的传承，使产业建设呈现出有"形"而无"态"的局面。由此，本课题通过对影视作品的社会核心价值观实现路径的研究，致力提升作品的品质、原创性，从根源上提升我国影视产业的软实力。

通过中韩影视的比较研究，探索韩国影视作品的核心思想与社会核心价值观是如何达到高度统一，并促使产业价值与社会价值最终达到相生相长的。课题由点到面，解读两国影视作品的各个环节对社会核心价值观的终极表现形式。在研究方法上，课题以拉斯韦尔的"5W 传播模式"，即影视的创作主体、传播内容、制播体系、传播对象、传播效果为基本研究主线，运用实证分析的方法来完善并提高研究的科学性、实用性，从而完成传播回路。

---

① 习近平. 在文艺工作座谈会上的讲话［EB/OL］. 新华网，2014-10-15.
② 周中之. 社会主义核心价值理论建构研究［J］. 思想理论教育，2013（7）：11.

第二节 拉斯韦尔的"5W 传播模式"的社会传播与功能

综合相关国内外研究，以拉斯韦尔的"5W 传播模式"为中心的研究大致可以分为以下四类。

第一，对拉斯韦尔"5W 传播模式"的理论研究。1948 年，美国的拉斯韦尔在其著作《传播在社会中的结构与功能》中提出了传播过程的五个基本要素。他认为："传播不是简单的信号传递，而是对价值的追求。"一些学者评价，该模式看似简单，但是"这对于组织和规范传播过程的问题讨论很有益"，是"第一次准确描述了传播事实的各个元素的理论模式"。国内学者对拉斯韦尔模式的评论褒贬不一，但主要持肯定态度。如高海波的《拉斯韦尔 5W 模式探源》认为：拉斯韦尔的传播观念与传播模式是两个不同的概念。拉斯韦尔的传播观念虽具有政治色彩，但其传播模式全面地诠释了大众传播的社会功能；传播路线取决于传播主体和受众间的交互关系，传播主体可以通过抽样调查的研究方法，完成传播回路，形成一个闭环。当然也有些学者认为"5W 传播模式"相对简单，因此对分析结果产生了质疑。如胡翼青的《传播学科的奠定：1922—1949》，认为模式有单向性、线性的特点，缺乏对受众及传播环境的研究等。

第二，国内基于拉斯韦尔"5W 传播模式"的个案研究。如徐敬宏的《网络时代如何提高党报公信力——借用拉斯韦尔 5W 模式》，从"5W"的四个方面出发解读了媒介公信力。王梦洁、王萍的期刊论文《从 5W 传播模式浅析影响盐文化影视传播效果的因素》等，以拉斯韦尔模式为切入点阐述以影视为文化媒介、发掘盐文化的传承路径。

第三，对影视作品中社会核心价值观传承问题的理论研究。霍华德·古德（Howard Good）等在其著作《关乎电影的媒介伦理学》中探讨了电影中的道德伦理与电影创新的关系。拉里·格罗斯（Larry·Gross）等的《影像伦理学：主体在图像、电影和电视中的道德权力》，解读了影视中的伦理道德以及人在创作与观影中的作用。

第四，对国内影视作品的社会价值观传承问题的个案研究。张丽娟的《好莱坞电影传播美国价值观的模式及其对我国价值观教育的启示》等研究，大多论述了影视产业对核心价值观的传承关系，重心偏向于理论研究。此外，还有对韩国影视业发展与伦理文化的关系研究。朴圭玉《中韩家庭剧伦理文化比较研究》、张燕的《回归·颠覆——韩国伦理电影之文化呈现》，表述了韩国以独特的人文情怀契合了韩国大众对核心价值观——儒家文化的需求，呈现出"回归传统"的伦理文化。

综合既有文献资料可以发现，尽管对拉斯韦尔"5W 传播模式"的评价莫衷一是，但是无论谁都不可否认其在大众传播、传播的整体性研究领域具有很大的应用价值。由此，课题在"5W 传播模式"的大框架下，取其优点来探讨影视作品的价值观传播路径，将制作环节细分，结合其他学科及实证研究来发掘各个环节之间的联系。国内很多研究集中在影视作品对文化的传承关系探讨，但对具体的传播路径、实现形式的研究是较为缺失的。韩国比较重视影视作品中价值观与本土文化的协调发展，特别关注应用领域的实用性和操作性，这对于完善我国影视产业的制度、法规、运营模式，具有很强的借鉴性。因此，以人文、环境等与我国相似的韩国为案例，来研究我国影视产业建设中的核心价值观传播路径，既能提高影视作品品质，又有利于提升技术水平，结合内修与外炼，是促进我国影视产业结构转型升级、实现良性循环的重要途径之一。

第三节 "5W" 视角下影视作品社会核心价值 传播效果之实证研究

借用拉斯韦尔的 "5W" 模型，课题将影响影视作品传播效果的核心因素 "制作主体" "传播内容" "制播方式" 作为研究对象，通过比较发现中韩两国影视作品在这五个环节中与社会现实诉求的关联度以及对本国核心价值观的表现特点。两国的影视作品以社会价值观的 "传播效果" 为基点展开比较分析，并以实证研究来判断两国受众价值观受影视作品影响的程度。

由此，课题以影视产业 "5W" 中的 "制作主体" "制播方式" "传播内容" 为基本模型，提取了 11 个有效因子，对中韩两国影视作品的受众传播效果进行研究。为将 11 个元素进行有效的归纳，在研究过程中选择了因子分析。在进行因子分析之前，首先需要考察原始数据是否适合进行因子分析，经适应性检验的结果如表 8-1 所示。

表 8-1 因子分析适应性检验

KMO 和巴特利特检验		
KMO 取样适切性量数		
Bartlett 的球形度检验	上次读取的卡方	0.958
	自由度	
	显著性	
	大约卡方	1611.419
	Df	78
	显著性	0

从以上的适应性检验可以清晰看出，在"我国影视作品的社会核心价值观传播"满意度问卷调研中，所得出的数据适合做因子分析，并且 KMO=0.958>0.6，通过了显著性水平为 0.05 的巴特利球形检验。在得出原始数据适合因子分析之后，进行因子分析的结果如表 8-2 所示。

表 8-2　总方差解释

组件	初始特征值			提取载荷平方和			旋转载荷平方和		
	总计	方差百分比	累积 %	总计	方差百分比	累积 %	总计	方差百分比	累积 %
1	6.906	62.784	62.784	6.906	62.784	62.784	2.879	26.177	26.177
2	0.626	5.694	68.478	0.626	5.694	68.478	1.883	17.115	43.291
3	0.590	5.364	73.842	0.590	5.364	73.842	1.604	14.579	57.871
4	0.541	4.918	78.760	0.541	4.918	78.760	1.599	14.536	72.406
5	0.510	4.639	83.399	0.510	4.639	83.399	1.209	10.992	83.399
6	0.385	3.504	86.902						
7	0.351	3.189	90.091						
8	0.337	3.067	93.157						
9	0.275	2.496	95.653						
10	0.254	2.309	97.963						
11	0.224	2.037	100.000						

提取方法：主成分分析

从以上的总方差解释表可以看出，按照信息提取量大于 80% 的原则，问卷中的 11 个题项可以提出五个主成分，累计的方差贡献率为 83.399%>80%，即提取出来的五个因子能够反映原始问卷中 83.399% 的信息，因此这五个主因子非常具有代表性。为了进一步考察这两个主因子都包含哪些题项，还需要继续考察以下的旋转后因子载荷矩阵，如表8-3所示。

表8-3 旋转后的成分矩阵[a]

	组件				
	1	2	3	4	5
Q 9	0.740				
Q 6	0.732				
Q 5	0.645				
Q 4	0.629				
Q 11	0.615				
Q 7					
Q 3		0.773			
Q 1		0.769			
Q 10			0.848		
Q 8				0.872	
Q 2					0.789

提取方法：主成分分析；旋转方法：Kaiser标准化最大方差法；a. 旋转在8次迭代后已收敛

注：①团队构成，②教育程度，③政府政策引导，④题材，⑤叙事主线，⑥影视结构层次，⑦核心价值观体现，⑧制播方式，⑨项目管理体系，⑩社会舆论引导，⑪社会核心价值观体现

综合上图中的数据，我们可以看到：Q4、Q5、Q6、Q9、Q11这几个题项在主因子一上的载荷大于0.6，结合这几个题项的内容可以知道，主因子一是反映我国影视作品叙事内容、价值观导向的因子；Q1、Q3在主因子二上的载荷大于0.6，结合题项的内容可以知道，主因子二是反映团队整体素质、外在环境的因子；Q10在主因子三上的载荷大于0.6，主因子三是反映社会舆论导向的因子；Q8在主因子四上的载

荷大于 0.6，主因子四是反映影视作品制播方式的因子；Q2 在主因子五上的载荷大于 0.6，主因子五反映了制作团队教育程度。

同时，主因子一的方差贡献率为 47.745，主因子二的方差贡献率为 33.947，由此可以知道，消费者对主因子一和主因子二的重视程度分别为 47.745 和 33.947，由此可以知道，消费者更在意主因子。消费者对主因子一到主因子五打分的均分如表 8-4 所示。

表 8-4　描述统计

	数字	最小值（M）	最大值（X）	平均值（E）	标准偏差
内容、价值观导向	203	1.00	5.00	3.7232	0.78577
外在环境、政策	203	1.00	5.00	3.7857	0.74604
舆论导向	203	1.00	5.00	3.8276	0.89267
制播方式	203	1.00	5.00	3.6897	0.84855
教育水平	203	1.00	5.00	3.6946	0.89847

为了更进一步探寻消费者在重要度与满意度上的看法，我们以上五个因子来绘制以下的波士顿矩阵图（图 8-1）。

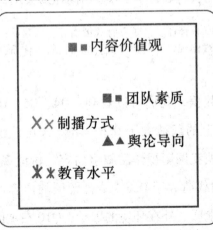

图 8-1　波士顿矩阵图

采用波士顿矩阵图进行的数据分析，可以清晰地了解到，在提取的五个主因子中，我国影视作品的"外部环境"，即"政府政策与扶植"是重点保持对象。在一定程度上说明我国影视产业的发展具有优越的外部环境，我国政府对影视产业也保持了较高的扶持力度。

影视作品的"内容、价值观"是继续保持对象，制作团队的"制播方式""团队整体教育水平"是有待提升的因子，而影视作品的"社会舆论导向"因子却是亟待改进的因素。总体而言，通过对数据的整体分析，与我们的预期结论有些许出入。

影视剧的巨大传播优势从根本上来源于其形象化与情节化的表现形式，这种形式一方面促进了传播效果的提高，另一方面容易让人忽视其导向性。正确地评价一部影视作品的优劣，首先要分析其舆论导向。任何作品不仅是娱乐作品，对于整个社会的发展来说，其中包含的涉及世界观、人生观、价值观的倾向性内涵才是至关重要的部分。只有正能量的因子融入剧本与表演的每个细节和场景，去感染观众，才能引导正确的社会价值观。

"新韩流"让我们愈发关注韩国影视产业的大发展背后究竟隐含着哪些制胜因素。以描述韩国家庭生活伦理为核心内容的"家庭剧"，除了精美的画面、独特的风土民情等要素之外，最引人入胜的是这些作品中所传递的韩国社会赖以生存和发展的正能量[1]。课题通过中韩两国的比较研究，揭示韩国影视作品在热播的背后，传播社会核心价值观的有效路径，给我国影视产业的建设带来借鉴与启示，以建设更加成熟和规范的产业发展体系。

---

① 张彦. 建设我们的价值观: 国际经验和浙江实践: 韩国国民核心价值体系的建构及对浙江的启示 [J]. 观察与思考, 2012 (12): 22-26.

第四节　中韩两国影视作品与社会现实诉求的比较

近年来，无论是电视荧屏，还是各大视频门户网站，韩国影视作品均成为话题度和受关注度最高的内容之一。时下最热播的韩剧受到男女老幼的追捧，他们对其中的知名演员和经典台词如数家珍。数量庞大的年轻人群体，也早已成为韩国各大知名综艺节目的忠实拥趸。韩国凭借其高度发达的影视文化产业，不仅有力地推动了经济的快速发展，也宣传了正面、健康的国家形象，巧妙地达到了"名利双收"的效果。

一、影视作品的"创作主体"

两国影视作品制作团队的特性及政府的政策推进都对影视作品有着极大的影响。随着影视市场的规范化，创作过程也越来越专业化，由此，制作团队的有机组合成为一个作品是否成功的关键因素。因此，制作团队在"团队构成""教育背景、模式""人生经历""个体特性"等方面的差异，使影视剧的制作也有不同的效果。

在韩国有一种专门针对编剧的培训班，有 80% 的编剧参加相关培训，并且在影视的制作体系中，编剧扮演了十分重要的角色。韩国的影视节目之所以风靡东南亚，本国的制作体系，特别是编剧起了非常重要的作用，因为韩国的编剧几乎全程参与电视剧的制作过程。韩国的电视剧由韩国的几大电视公司包揽，比如：SBS、KBS、MBC。这三家电视台是韩国的主流电视媒体。韩国广播公司电视台（KBS-TV）是一家由政府创办的官方电视台，文化广播公司电视台（MBC-TV）是一家民间电视台，首尔广播公司电视台（SBS-TV）是一家私营电视台，这三大电视台都有自己的一套管理系统和培训系统。相信很多人看过张东健和蔡琳主演的《爱上女主播》，从该剧的一些工作拍摄流程和这些人物的工作生活情况就能简要地了解韩国电视台的运作情况，但《爱上女主播》这部剧注重反映电视台的高层运作和一个栏目的创立、运作情况，还未涉及电视剧编剧这个行业。《四姐妹》恰恰弥补了这个缺口，在剧中，韩国的电视编剧仅有700多名，由韩国电视剧作家协会进行注册、管理。他们有很严格的管理制度，只要是触犯了其中的规定，就是灭顶之灾。在《四姐妹》中，美德帮助卢老师完成电视剧写作，作家协会就要把卢老师除名。对于卢老师来说，他的作家生涯也就结束了。所以，在这个部分，人物内心的冲突，以及他和美德的爱情纠葛才显得那么激烈，这和韩国作家协会的严格制度是分不开的①。

在中国正相反，大约有80%的编剧没有过参加专业的培训，因为我国的相关教学机构对编剧还没有单独开设课程，没有形成成熟的培养模式，大多数的编剧可以说是自学成才。当然并不是没有参加过培训的人就不能成为编剧，也并不是只有参加专业学习的人才能成为真正的编剧，但是电视剧有不同于其他叙事艺术的特性，所以，一定的编剧培训可以较好地唤醒作家的编剧才能，使之更加专业地进行作品设计。我国有不少编剧是从事文学创作的，有些作家对影视剧与小说的区别不甚明确，因此导致剧本中的镜头感以及视听配合感不强，主要靠人物语言推进故事情节，没有意识到或者忽略了影视创作中的其他视听手段②。

① 张彦. 建设我们的价值观：国际经验和浙江实践：韩国国民核心价值体系的建构及对浙江的启示［J］. 观察与思考，2012（12）：22-26.

② 殷俊，朱方胜，闵雅赳. 从动画电影《叽里咕与女巫》看角色造型的符号化特征［J］. 设计艺术研究，2015，5（2）：32-36，49.

另外，中韩两国的影视产业都是以政府主导为核心的发展类型，因此在研究创作主体的因素中，对中韩政府的介入方式及推进政策进行了比较研究。

二、影视作品的"传播内容"

研究比较了中韩两国影视作品的剧本、叙事情节与社会现实诉求的关联度。剧本与现实生活联系紧密，是文学作品获得成功的基本保障。在韩国的影视剧中，韩国文化得到了全景式的呈现，大多数剧作立足于本土，细节里渗透了老百姓的行为理念以及社会的核心价值观，使本土的显性文化与隐性文化得到了完美的融合发扬。如何表达生活中普遍的审美经验？这里通过对剧本的"题材""叙事主线""剧本的结构层次及框架""剧本的具体语言文学表现方式"四个方面展开剧本与现实社会价值观之间的匹配度研究。

随着社会的飞速进步、经济水平迅速增长、生活水平提高、人们对文化需求日益迫切，人们到了更加重视人与人之间的和谐、和平，尊重历史、尊重文化传统的阶段。人们渴望那些优良的传统回归，渴望人性的回归。韩剧的剧情所反映的内容，体现的思想观、价值观给观众带来了很大的冲击力。不管是什么风格，无论是青春搞笑剧《新娘18岁》、家庭伦理剧《看了又看》、浪漫爱情剧《浪漫满屋》，还是恋爱悲剧《蓝色生死恋》，虽然剧情各不相同，但都以"真、善、美"为准绳，反映人性的宽容、平和、自尊、自爱、自强、乐观、谦虚谨慎以及温情、积极、优雅的生活态度，向我们描绘出一幅幅充满儒家文化道德的美好画面，给人以情感上的共鸣、行动上的激励、精神上的愉悦、道德上的洗礼以及思想上的冲击。

韩剧正是在平凡的生活故事中，把人世间千丝万缕的情感交汇在一起，处处渗透了"孝忠仁爱""老吾老以及人之老，幼吾幼以及人之幼"这些具有普遍意义的伦理观念，"修身齐家治国平天下"的信念抱负，还有体现儒学思想的"仁义礼智"的处世哲学观等，这些在韩国电视剧中所体现出来的传统文化的精髓都是非常宝贵的精神遗产。

三、影视作品的"制播体系"

中韩两国的制作、播放机制、项目管理体系有着共同点，也有着差异性，通过对比可以得出两国影视作品在制作过程中如何对核心价值观进行传播的独特模式。韩国电视剧制作一般采用"边写、边拍、边播"的制作方式，开播前无须写出全部剧本，甚至连故事梗概也无须写全。一般情况下，一部不到 20 集的短篇连续剧，在播映之前，只需要写出十集的故事提纲和三分之一左右的剧本。开播一个半月或两个月前动手继续创作剧本。从第三周开始，每周基本写两集故事。在之后的制作和播放过程中，编剧基本每天都要跟进、修改剧本，保持每周两集剧本的速度。同时，编剧会不断拿出自己已经写好的部分剧本和观众进行线上、线下的交流。这样做的好处是可以在边拍边播的过程中充分听取受众的意见，让观众近距离地参与到电视剧的直播过程中。由于边拍边播，场景会选择观众实际看到的场景，剧中人物讨论的事件会加入观众也在讨论的热点问题，这些都会使观众有身临其境的感受，这样通过受众的喜好、反映，也可以适度调节人物角色的出镜率以及剧情走向。比较有代表性的案例是在 2002 年播出的《人鱼小姐》，刚开始的收视率只有 5%，到后来增加到 50%。在韩国，收视率超过 20% 就算是成功的案例了。

与韩国的"边写、边拍、边播"的制作方式相比，中国电视剧的制作方式则为"先写、后拍、再播"。在中国，完整的电视剧都要经过严谨的前期策划、编剧、摄制、审查、发行、播出等环节，比起韩国影视制作过程多了审查和发行两个环节，而且是两个必不可少的环节。这虽然能够较好地监控整个作品的制播过程，保证作品的质量，却无法与生活现实同步，因而缺乏感染力。

四、影视作品的"传播对象"

影视作品的受众已经从消极被动逐渐变化到了主动选择，受众无疑成为"5W"中的核心部分。因此，以受众的媒体选择、观看动机、内容偏好、受众观看评价为基点，展开对剧中所体现的社会价值观的评价。要以影视作品的创作为基点，发散形成对社会核心价值观的传承发展模式，实现产业精英影视作品的养成，即要将显性的消费文化与隐性的民族文化传统相结合，并与影视作品对接，达到潜移默化影响受众的目的。为此，要发掘我国消费者喜爱的影视作品所承载的民族精神元素，明晰主流价值诉求，有意识地将我国社会的核心价值观自然而巧妙地融入多元的影视作品中去。

在多元化、现代和后现代的交织、社会转型的影响下，当代社会出现了"价值观的迷误与失序"。对我国的影视剧而言，迫切需要建设一个自身的价值理论体系，只有在这个价值体系的支撑下，产业运营才会有实质性的提升，才能更好地生产优秀的影视作品。

韩国在社会核心价值观建设过程中也出现过类似的困境。韩国的社会核心价值观最有代表性的是"儒家文化"，很多影视作品在对待"儒家文化"时，采取了接受、丰富和发展的态度，通过影视这一媒介使观众在艺术和娱乐中潜移默化地受到影响，儒家思想由此深入人心。由此透过中韩影视制播模式的比较研究，能够在某种程度上促进我国影视作品对优秀民族传统文化的传承，传递社会正能量，促进社会的安定团结。

参考文献

一、中文文献

［1］本书编委会. 武王伐纣平话［M］. 南昌：豫章书社，1981.

［2］鲁迅. 中国小说史略［M］. 上海：上海古籍出版社，2004.

［3］华夏微影文化传媒中心，国家广播电视总局发展研究中心. 中国微电影短视频发展报告：微电影短视频蓝皮书［M］. 北京：中国广播影视出版社，2021.

［4］邱杨. 新媒介环境下的微电影艺术研究［M］. 南昌：江西美术出版社，2019.

［5］王一波. 电影中的动作元素：正义与邪恶的较量［M］. 银川：宁夏人民出版社，2018.

［6］虞吉. 中国电影史［M］. 重庆：重庆大学出版社，2017.

［7］陈明华. 华语电影叙事的文化身份［M］. 广州：暨南大学出版社，2016.

［8］陈羽，张营为，袁家菊，等. 中国大众传媒产业价值链研究［M］. 成都：四川大学出版社，2014.

［9］华莱士·马丁. 当代叙事学［M］. 任晓明，译. 北京：北京大

学出版社，1990.

[10] 陈焜. 西方现代派文学研究 [M]. 北京：北京大学出版社，1981.

[11] 杜剑峰，黎松知. 韩国电影导演创作论 [M]. 北京：中国电影出版社，2008.

[12] 高志昂. 对动漫周边产品设计与中国传统民族文化元素的思考 [J]. 艺术品鉴，2021 (17).

[13] 韦艳丽，钱朝阳，张懿丹. 认知模式下新媒体艺术交互形式研究 [J]. 艺术百家，2017，33 (1).

[14] 李胜利，赵莹. 中国电视剧制播模式：演变与利弊 [J]. 现代传播 (中国传媒大学学报)，2018，40 (4).

[15] 黄诗娴. 韩国热播电视剧跨文化传播研究 [J]. 传媒论坛，2020，3 (19).

[16] 刘霞，肖爱华，吴迪，等. 从韩剧《太阳的后裔》制播模式创新看中韩影视文化合作的发展趋势 [J]. 职业技术，2016，15 (9).

[17] 李康化.《觉醒年代》：主旋律电视剧的又一次觉醒 [J]. 群言，2021 (8).

[18] 杨旭霞. 国产电视剧的对外传播路径探析：基于中韩两国电视剧跨文化传播的对比 [J]. 声屏世界，2021 (3).

[19] 姚云帆. "封神宇宙"的可能性和限度：《哪吒之魔童降世》的"新神话"问题 [J]. 电影评介，2020，12 (6).

[20] 刘起.《姜子牙》：封神宇宙的现代性重构 [J]. 电影艺术，2020 (6):.

[21] 阙政. 两位导演访谈：姜子牙要解开封神千古悬念 [J]. 新民周刊，2020 (36).

［22］殷俊，朱方胜，闵雅赳. 从动画电影《叽里咕与女巫》看角色造型的符号化特征［J］. 设计艺术研究，2015，5（2）.

［23］张彦. 建设我们的价值观：国际经验和浙江实践：韩国国民核心价值体系的建构及对浙江的启示［J］. 观察与思考，2012（12）.

［24］吴锋. 中国电视节目监管的现实困境及突围路径：基于江苏教育电视台"停播划转"个案的反思［J］. 河南大学学报（社会科学版），2013，53（6）.

［25］周中之. 社会主义核心价值理论建构研究［J］. 思想理论教育，2013（7）.

［26］叶舒宪. 西方文化寻根中的"女神复兴"：从"盖娅假说"到"女神文明"［J］. 文艺理论与批评，2002（4）.

［27］叶舒宪. 再论新神话主义：兼评中国重述神话的学术缺失倾向［J］. 中国比较文学，2007（4）.

［28］潘百齐，刘亮. 论《封神演义》的道教文化涵蕴［J］. 明清小说研究，2000（2）.

［29］张碧. 现代神话：从神话主义到新神话主义［J］. 求索，2010（5）.

［30］叶舒宪. 神话：原型批评在中国的传播［J］. 社会科学研究，1999（1）.

［31］李炳海. 从九尾狐到狐媚女妖：中国古代的狐图腾与狐意象［J］. 学术月刊，1993（12）.

［32］魏梦雪. 古典名著类影视剧的改编困境［J］. 中国广播电视学刊，2018（11）.

［33］杨利慧. 神话主义研究的追求及意义［J］. 民间文化论坛，2017（5）.

[34] 黄景春，穆劲伊.《封神演义》人物的分类研究 [J]. 韶关学院学报，2011，32（5）.

[35] 程明，周亚齐. 社群经济视角下营销传播的变革与创新研究 [J].编辑之友，2018（12）.

[36] 朱威. 新媒体展示设计中的交互设计方法与应用 [J]. 艺术科技，2018，31（12）.

[37] 巫岳峰. 基于新媒体背景下展示设计中的交互设计研究 [J]. 大众文艺，2018（21）.

[38] 江扬. 浅析互动媒体艺术的主题类型与基本特征、艺术与技术、思想与科学的新探索 [J]. 北京电影学院学报，2008（4）.

[39] 刘世文. 论新媒体艺术的互动参与性美学特征 [J]. 东方论坛，2013（6）.

[40] 韦艳丽，钱朝阳，张懿丹. 认知模式下新媒体艺术交互形式研究 [J]. 艺术百家，2017，33（1）.

[41] 李骏. 从《四百击》到《狼图腾》：再论"作者电影" [J]. 美与时代（下），2015（3）.

[42] 周健蔚. 走向世界的韩国电影（2010—2019）[J]. 北京电影学院学报，2020（3）.

[43] 于忠民. 类型电影的作者化实践与民族身份的文化呈现：论当代韩国"悬疑电影"的叙事策略 [J]. 当代电影，2014（4）.

[44] 崔建楠. 第二条腿：电影声音造型 [J]. 电影艺术，1986（7）.

[45] 李畅升. 艺术细节的真实是作品的生命 [J]. 卫生职业教育，2005（9）.

[46] 卢嬷. 两种直趋"真实"的途径：从《踏血寻梅》与《杀人

回忆》看当代侦探电影叙事 [J]. 上海艺术评论，2018 (2).

[47] 杜庆春. 未解决状况的影像策略 奉俊昊电影的问题意识、反省与类型 [J]. 北京电影学院学报，2007 (3).

[48] 夏颖. 奉俊昊电影的叙事与文化思索 [J]. 视听，2019 (2).

[49] 黄小琦. 浅谈韩国电影近年的尝试与突破：以《寄生虫》为例 [J]. 西部广播电视，2020 (14).

[50] 雷岩，张晓艳. 社会隐喻图景在影像表述中的融合呈现：以奉俊昊电影《寄生虫》和《雪国列车》为考察 [J]. 河北科技大学学报（社会科学版），2020，20 (4).

[51] 于忠民. 类型电影的作者化实践与民族身份的文化呈现：论当代韩国"悬疑电影"的叙事策略 [J]. 当代电影，2014 (4).

[52] 吕淑雯. 韩国电影《寄生虫》的叙事内容与社会关注 [J]. 汉字文化，2020 (19).

[53] 戴瑾. 冲突与和解：宫崎骏电影的环保主题 [J]. 电影评介，2012 (13).

[54] 郑方圆. 21 世纪以来"忠武路"的电影嬗变：以奉俊昊的电影之路为切入点 [J]. 中国民族博览，2020 (15).

[55] 何小青. 电影特效智能制作关键技术及产业化应用 [D]. 上海：上海大学，2018.

[56] 龚世学. 先唐符瑞文化与文学 [D]. 南京：南京师范大学，2010.

[57] 邱娟. 神话学视域下"狐"影视形象研究 [D]. 金华：浙江师范大学，2020.

[58] 周昊. 奉俊昊电影导演艺术研究 [D]. 重庆：重庆大学，2014.

［59］郝洁.时代、事件和人物：韩国"真实事件改编电影"研究［D］.昆明：云南大学，2015.

二、外文文献

（一）英文文献

［1］ALBARRÁN-TORRES CÉSAR. Global Trafficking Networks on Film and Television：Hollywood's Cartel Wars［M］. London：Routledge，2021.

［2］TEO STEPHEN. Chinese Martial Arts Film and the Philosophy of Action［M］. London：Routledge，2021.

［3］GRAY JONATHAN，JOHNSON DEREK. Televison Goes to the Movies［M］. New York：Routledge，2021.

［4］WILLETT AMANDA. Media Production：A Practical Guide to Radio，TV and Film［M］. London：Routledge，2021.

［5］LARA MARÍA PÍA. Beyond the Public Sphere：Film and the Feminist Imaginary［M］. Evanston，Illinois：Northwestern University Press，2021.

［6］MCSWEENEY TERENCE. The Contemporary Superhero Film：Projections of Power and Identity［M］. New York：Columbia University Press，2020.

［7］HARTLEY J. Creative Industry［M］. UK Oxford：Blackwell，2005.

［8］FLORIDA R，TINAGLI D. Europeinthe Creative Age［M］. London：Demos，2004.

（二）韩文文献

［1］김세훔, 박영정, 정정숙, 허은영. 법제 정비 방향 연구 한국문

化 [M]. 서울: 관광연구원, 2007.

金世勋, 朴英俊, 郑正淑, 许恩英. 法律维护方向研究中的韩国文化 [M]. 首尔: 旅游研究所, 2007.

[2] 안지혜. 문화로서의영화 한국정책과학학회보 [M]. 서울: 한국 정책과학학회, 2008.

安智惠. 电影作为一种文化: 韩国政策与科学学会论文集 [M]. 首尔: 韩国政策与科学学会, 2008.

[3] 영화진흥위원회. 한국영화산업결산 [M]. 서울: 영화진흥위원회 정책연구부, 2015.

电影振兴委员会. 韩国电影产业结算 [M]. 首尔: 电影促进委员会政策研究部, 2015.

[4] 문화체육관광부. 디지털 통합 시대의 콘텐츠산업 미래정책 연구 [M]. 서울: 문화체육관광부, 2013.

韩国文化体育观光部. 数字融合时代的内容产业未来政策研究 [M]. 首尔: 文化体育观光部, 2013.

[5] 한국문화산업진흥원. 한국문화산업의 국제경쟁력 분석 [M]. 서울: 문화산업진흥원, 2015.

韩国文化产业振兴院. 韩国文化产业的国际竞争力分析 [M]. 首尔: 文化产业振兴院, 2015.

[6] 한국문화산업진흥원. 해외문화콘텐츠산업(아시아태평양-중국)의 시장동향 조사 [M]. 서울: 문화산업진흥원, 2015.

韩国文化产业振兴院. 海外文化内容产业市场动向调查（亚洲太平洋—中国）[M]. 首尔: 文化产业振兴院, 2015.

[7] 이재웅. 한국 콘텐츠 산업의 현재와 미래 [M]. 서울: 한국사

이버정보학회, 2011.

李载雄. 韩国内容产业的现在与未来 [M]. 首尔: 韩国网络信息学会, 2011.

[8] 강철성. 경제정책 창출을 위한 한국 정부의 1년 성과와 개선 방향 [M]. 서울: 한국정책연구원, 2014.

姜铁胜. 韩国政府一年的创造经济政策成果与改善方向 [M]. 首尔: 韩国政策学会 , 2014.

[9] 박재복. 한류: 지구촌 시대의 문화경쟁력 [M]. 서울: 삼성경제연구원, 2005.

朴载福. 韩流: 地球村时代的文化竞争力 [M]. 首尔: 三星经济研究所, 2005.

[10] 한국문화산업진흥원. 2015 문화콘텐츠산업 통계조사 [J]. 서울: 문화산업진흥원, 2015.

韩国文化产业振兴院. 2015 年文化内容产业统计调查 [J]. 首尔: 文化产业振兴院, 2015.

[11] 통계청. 문화산업의 현황 (2005—2015) [J]. 서울: 통계청, 2016.

韩国国家统计局. 文化产业现状 (2005—2015) [J]. 首尔: 韩国国家统计局, 2016.

[12] 문화체육관광부. 디지털콘텐츠산업 통계조사 (2010—2014) [J]. 서울: 문화체육관광부, 2015.

韩国文化体育观光部. 数字内容产业统计调查 (2010—2014 年) [J]. 首尔: 文化体育观光部, 2015.

[13] 驻华韩国文化院. 通过文学增进韩中交流 [EB/OL]. (2021-12-15) [2022-01-19]. http: //cn. joins. com.